潍坊政协文史丛书

清代大收藏家陈介祺

邓　华　主编

文物出版社

封面设计 /张希广
责任印制 /张道奇
责任编辑 /贾东营

图书在版编目（CIP）数据

清代大收藏家陈介祺/邓华主编．－北京：文物出版社，
2005.2
ISBN 7－5010－1729－8

Ⅰ.清…　Ⅱ.邓…　Ⅲ.陈介祺（1813～1884）－
人物研究　Ⅳ.K825.4

中国版本图书馆 CIP 数据核字（2005）第 007304 号

清代大收藏家陈介祺

邓　华　主编

文 物 出 版 社 出 版 发 行
（北京五四大街 29 号）
http：//www. wenwu. com
E－mail：web@wenwu. com
北 京 安 泰 印 刷 厂 印 刷
新 华 书 店 经 销
850×1168　1/32　印张：5.75
2005 年 2 月第一版　2005 年 2 月第一次印刷
ISBN　7-5010-1729-8/K·905　定价：22.00元

《清代大收藏家陈介祺》编委会

主　任：迟昭厚

副主任：鞠法昌　赵　俭　王庆德　王金卓　郑汝智
　　　　姜绍华　张明海　邓　华

委　员：刘玉明　陈　俊　任立先　李臣涛　孙　军
　　　　张玉雪

主　编：邓　华

目　录

后　记

序

陈 炳 熙

　　大凡一个地方出了一位在某方面可以冠冕全国的人物，这位
人物便会成为当地的自豪与骄傲。然而这类人物不是各地皆有，
其所以成为骄傲的原因也在于此。陈介祺是清朝金石学领域的冠
冕，因而便是潍城的自豪与骄傲。

　　陈介祺作为金石学的冠冕，主要是因为他收藏了毛公鼎等一
批具有重要价值的古代文物，并且编印了内容宏富的古印谱——
《十钟山房印举》。

　　毛公鼎是现存古青铜器中铭文字数最多的一件。这件西周晚
期的青铜器，铭文多达 497 字，记述了周宣王诰诫和褒奖其臣下
毛公厝之事，有很高的历史价值。此鼎自道光末年于陕西岐山出
土不久，就被陈介祺收藏，并制为拓片，释其铭文。此外他的重
要收藏还有大丰簋、兮甲盘、曾伯霥簠、迟簋和"十钟"。簋和
簠都是古代祭祀宴享时用来盛稻黍的铜器，"十钟"是十一口商
周青铜钟的概称。这些铜器，他也都做出拓片并写有跋文。

　　他的另一重要收藏是"万印"。《十钟山房印举》即由他将
"万印"汇编而成。先于同治十年（1871 年），将所藏古玺印及
汇集的吴云、吴式芬、吴大澂、李佐贤、鲍康等所藏的古玺印，
钤拓成十部，每部五十册，是为初稿。又于光绪九年（1883 年）

重新增编，每部达 194 册。因采用举类分列的体例编排各种印式，故名"印举"。所收为三代古玺、秦、汉、晋官印及私印，尤其名贵的有赵飞燕玉印、琅玡相银印、汉十二字金印等。其中，"赵飞燕玉印"为万印中名贵之首，原为龚自珍所藏。此印为鸟篆体，自右至左，为"缂好妾娟"四字，龚自珍释为"婕妤妾赵"。其实"娟"不是"赵"，四字意为一个名字叫"娟"的女官（缂好）之印。此一女官，汉武帝时始有，"位视上卿，秩比列侯"，虽不是赵飞燕，但亦非寻常之辈，流传至今，实属珍稀。

陈介祺贵为协办大学士之子，本身又是翰林院编修，照例来说，应该在仕途上谋求腾达。但他目睹父亲在宦海中的风险，又身经被逼迫捐纳巨额军饷的灾难，乃有意学古人作"遂初"之赋，趁咸丰四年（1854 年）母丧丁忧的机会乞假归里，专力去做他金石学的研究。他本有书法天赋，又受好友何绍基的影响，创出了自成一体的书法，在这方面他本应更享盛誉，但被他金石学家的大名所掩。他也有文学方面的禀赋，有一副楹联写道：

曾种桃花不知汉魏
犹存松菊自谓羲皇

上句以《桃花源记》中"不知汉魏"的隐遁的秦人自比，下句复以陶渊明《与子俨等疏》中的"常言五六月中，北窗下卧，遇凉风暂至，自谓是羲皇上人"的语意，自喻无为、无求、无争如太古之人的心态。他为母亲逝世写的《哀启》，是一篇感人的好散文，可惜已散失无传（本人收存的一份失于"文化大革命"中）。他的著作也有散失无传者，每见论者提到他的《传古别录》之类，但几乎未见有提到他的《考古小启》（此册亦失于"文革"）者，是否也已经失传，不可知矣。

在潍坊市政协的大力支持下，邓华先生近年竭尽收罗，将尚存世的有关陈介祺这位金石大家的资料及研究者写的文字，尽可能收集齐全，编为一册。这无疑对弘扬家乡文化，拓展研究之路，是一个不小的贡献。同时也为海内外陈介祺的关注者和研究者提供了一份珍贵的资料，而且那些散失的资料也许因为此书的问世而重新得以发现，则不仅邓华先生一人要喜出望外了。

2004 年 8 月

清代大收藏鉴赏家陈介祺

陈小波

陈介祺（1813～1884 年）字寿卿，号簠斋，山东潍县（今潍坊市潍城区）人。父亲陈官俊是嘉庆十三年（1808 年）进士，历任工部、兵部、礼部、吏部尚书和协办大学士等重要官职。他青年时期跟随其父在京一起生活。自幼天资聪颖，勤奋好学。十九岁即"以诗文名都下"，乡试时考官阅卷疑陈介祺为耆宿。道光十五年（1835 年）考中举人，道光二十五年（1845 年）又考中进士，授翰林院编修、国史馆协修等职。居官近十年，涉猎了各种文化典籍，对经史、义理、训诂、辞章、音韵等无不钻研，对金石更有特殊爱好。

他供职清廷时，中国经历鸦片战争，他亲眼看到帝国主义者的侵略和清廷的丧权辱国，深感国事日非。咸丰四年（1854 年），母亲在家病故，他借母丧归里，下决心不再外出为官。并作诗曰："热闹场中良友少，巧机关内祸根蟠。"从此以后，陈介祺即潜心于金石及其他古文物的收藏和研究。他曾向当时著名学者阮元求教，得到阮元的赞赏，并与何绍基、吴式芬等名家交往甚密。他收藏金石，重在研究古器物、古文字，探索古文化。经过多年努力，他对金石文字的收藏考释作出了卓越成绩，得到专家学者的赞仰。

要介绍这位金石学家，还得从他的"万印楼"开始。在他收藏的金石器物及其他文物中，仅三代及秦汉古印玺一项就近万方，收藏之富为全国之冠。道光三十年（1850 年），他在家乡修建了"万印楼"，以珍藏来之不易的印玺和一万多件其他文物珍品。从此"万印楼"名声大振。《清史稿》称赞他的收藏是"所藏钟彝金石为近代之冠"，被誉为"一代金石大师"。

他对大量古玺和封泥反复进行鉴别整理，首先编写了一部《簠斋印集》。同治十一年（1872 年），他用自己所藏古玺并汇集吴云、吴式芬、吴大澂、李佐贤、鲍康等收藏，钤拓印集 10 部，每部 50 册，定名为《十钟山房印举》。光绪九年（1883 年），又重新增编 10 部，每部 191 册，集印一万多方。之所以定名为《十钟山房印举》，一是陈介祺在他收藏的 11 件商周古钟中，取其整数，把他的书斋称为"十钟山房"；二是在整理古玺印钤印拓时采取了举类分列各种印式的办法。这部《印举》最早由上海商务印书馆"涵芬楼"影印出版。新中国成立后，曾在上海再版，西安见到的有 12 册的原"涵芬楼"版，有上海书画出版社从万印中精选 2000 方并增补了释文的选本《十钟山房印举选》。

陈介祺还对其收集的大量"封泥"（也称泥封），作了深入研究。

中国古代的往来公私简牍，大都写在竹简上。为防止别人私拆，封发时把竹简用绳索捆紧，把绳子结交处再用黏土封严，盖上发信人印章，作为信验。这种"封泥"多流行于秦汉。陈介祺共收集了 800 多枚秦汉公私"封泥"，加以考释，与吴式芬共同编写了共 10 卷的《封泥考略》，对研究秦汉官制、地理等都有参考价值。它是我国最早研究"封泥"的一部专著。《封泥考略》一书 1990 年已由中国书店影印再版。

在陈介祺珍藏的文物中，最著名的是青铜器，其中以"毛公鼎"为最。"毛公鼎"是清道光末年在陕西岐山出土的一件完好无损的稀世珍品，系西周宣王元年由宣王的叔父毛公厝所铸造，又名"厝鼎"或"毛公厝鼎"。鼎有铭文 30 行，连重文共 497 字，为传世最长的铭文。"毛公鼎"最早由陈介祺收藏，清末转手两江总督端方。后来几经转手，英国人和日本人费尽心机多方搜寻未果，后由叶恭绰巨金收购，加以保护。日寇侵华，1938 年上海沦陷，叶恭绰出走香港，将所藏古文物和毛公鼎一同留沪秘藏。后被日本宪兵得到消息，追查甚紧。叶恭绰在港听到消息，急电其侄叶公超（时在西南联合大学执教，后曾任台湾"外交部长"、"驻美大使"），要他不惜任何代价保住"毛公鼎"。叶公超刚到上海即被日本宪兵逮捕，后由家人假造一古铜器缴出了事。但叶公超仍被监视。直到 1941 年夏，叶公超才巧妙地躲过日本特务的监视，将此国宝带往香港交其叔父。1941 年 12 月香港陷落，叶恭绰被日寇软禁、监视，再回上海，生活困难，"毛公鼎"又被一巨商以 300 两黄金购去。购前曾秘密协定，抗战胜利后，必须捐献国家。所以抗战胜利后这件国宝没有流失国外，由南京中央博物院收藏。后运往台湾，现保存在台北故宫博物院。"毛公鼎"在陈介祺手中时，经过悉心研究，撰写了《毛公鼎考释》。这一研究成果，对研究我国西周史、冶金史和古文字均有很重要的参考价值。

到了晚年，陈介祺更是不避辛劳，仍尽力古文物的钻研，考释名家所藏金文。他是古陶文字最早的发现者、收藏者和有贡献的研究者，有开创之功。对古玺印和古陶器之收集考释，不遗余力。"陶文齐鲁四千种，印篆周秦一万方"就是这时撰写的，并有题记曰："余归来不能致古鼎钟，今老矣，忽于齐鲁得三代文古陶数十器，暨陶文四千种。旧藏秦汉印七千纽，尚可增益，尤肆力于三代古玺印，皆前人所未及也。"记录了他当时工作的情况和心情。

　　陈介祺一生收藏的古代文物，类多、量大、面广，尤重珍品。其藏品中有铭文的就有商周铜器 248 件，秦汉铜器 98 件，石刻 119 件，砖 326 件，瓦当 923 件，铜镜 200 件，玺印 7000 余方，封泥 548 方，陶文 5000 片，钱币、镜、镞各式范 1000 件。其他如铜造像之类尚未计算在内。他一生治学严谨，重视研究方法，主张一器一物都应多加分析，察其渊源，辨其真伪，反对不求甚解。因此他对古文字学的贡献是很大的。现存他的考证释文有《毛公鼎释文》、《南公盂鼎释文》、《虢季子白盘考释》、《聃簋释说》、《区镍考记》、《器侯驭方鼎考释》、《邰钟考释》、《齐侯铺考释》、《龙姞簋考释》、《铸子器考释》、《簠斋金文考》、《金文题识》、《藏古册目并题记》、《集古金文考释》、《汉镫考记》、《印举考释》、《陶文考释》、《簠斋藏秦权量铜诏版释文诗记》、《十钟山房印举》，还有《传古别录》、《访碑拓碑笔记》、《印举事记》以及与吴式芬、翁大年合编的《封泥考略》等。

　　后人所辑的《陈簠斋尺牍》也很有特色，保留了很多有关学术资料。在收藏研究过程中，他经常与各地收藏家通信联系，或对古文字探讨研究，或对金石考证，或对器物出土流传及著录切磋探讨，不厌其详。往来书函无虚日，动辄三四千言，友人得其书简，无不珍藏，或加以装裱成册作为研究资料。西安文物收藏家阎秉初老先生藏有陈介祺的两封信，装裱整齐，完整无损。其中一信是写给西安苏济时的，共 12 页约 1600 字，信中谈到"秦权"、"虎符"等，说"秦权"之式"与刘燕翁所得大者同，此小而略厚……刘器皆二世时物，唯大者有二十六年诏在左，所谓故刻左使无疑也。"信还说："相交四十年，不必剖白，只以足下鉴别不及令兄，恐有为人所误处，不能不相告。"由此一信，即可看到陈介祺治学的严肃认真、待人以诚的作风和品德。真是读此信如见其人。

陈介祺也擅书法，喜书钟鼎，字写得凝重大方，别具一格，人称"金石书体"。我的居室内有一对联即陈介祺所写："踽凉齐饿者，俎豆古逸民"，系刻石拓片。其中有一段陈介祺的逸闻：陈介祺之妻病故，要在死者棺盖上刻几个字，同邑韩秀岐（字息舟），家贫，有学识，有德性，是一位篆刻家，刻字事非他莫属。经过几次恳请，韩秀岐才答应下来，据说韩的手为此都磨出了血。陈介祺提出答谢，都被韩谢绝。最后陈介祺才写了这副对联答谢他，赞誉韩是一位品德高洁受到人们尊敬的人。陈介祺在这一对联的上款写有"息舟有独行，为余刻石，撰此酬之"。人们都说这一对联是陈介祺书法作品，并说"这字不次于何绍基"。

陈介祺卒于1884年，终年72岁。享誉海内外的"万印楼"已由山东人民政府公布为省级文物保护单位。陈介祺故居陈列馆也在陈介祺诞生180周年时正式开馆。

北京琉璃厂古玩商谈陈介祺

陈重远

编者按： 北京著名作家、中国文物古玩史专家陈重远先生是《文物话春秋》、《古玩谈旧闻》、《古董说奇珍》、《鉴赏述往事》、《收藏讲史话》、《古玩与珠宝》等琉璃厂古玩珠宝行系列书的作者。他年轻时曾在琉璃厂古玩店工作，离休后又专门采访琉璃厂的古玩老艺人。在他近十部著作中，真实地记载了北京琉璃厂古玩珠宝行的旧事轶闻，其中有不少对陈介祺的记叙和评论。下面，编者从《古董说奇珍》中摘出一段精彩对话，以便读者了解古玩收藏界对陈介祺的传说与评价。

琉璃厂老古玩商丁兆凯说："李大爷，您的记性好，多年前的老事儿，您都说得一清二楚。德宝斋鉴定毛公鼎的事儿，前些日子您答应给我们说说，今儿个我们要听您的了。

李德祥说：不要光听我的，咱们一块儿聊。我听说毛公鼎是道光末年在陕西岐山出土的，咸丰二年由陕西旅客苏某兄弟二人运来北京，经德宝斋刘振卿和博古斋祝锡之过目，介绍卖给道光进士，道光、咸丰、同治、光绪四朝翰林院编修陈介祺。陈介祺将毛公鼎运到他的老家山东潍县收藏。

丁兆凯说：您这么一说我想起来了，我们掌柜说过，那两位陕西老客（清代时北京古董商分为坐商和客商，客商是外地来京做古玩生意的，北京同行称他们老客）听说叫苏亿年、苏万年，他们哥儿俩后来在仿铸、仿刻铭文上开了头，铜器上的后刻铭文后来可不少，不单是他俩的手艺，之后又有多位艺人。我们掌柜的虽不识鼎彝文字，可一眼就能看出是后刻或仿铸。

杨兴顺说：甭说岳二爷，就是您丁大哥，铜器上后做假锈和后刻的字，不也是一眼看透，再怎么做假也逃不过您的眼睛。

丁兆凯说：兴顺！您甭夸我，咱们还是听李大爷往下讲。

李德祥说：我只说个大略。我是吃瓦器的，这铜器吃得不透，细说就说不清楚，只说个大概其吧！要说这毛公鼎，是个头不小，一人搂不过来，搬也搬不动。

丁兆凯说：我听叶三儿跟我们掌柜的说，那鼎的口径约有一尺五（50厘米左右），肚大腹围约有四尺四寸（145厘米）不到，高不到一尺六（53.8厘米），重有七十来市斤。形状是大口、深腹、圆底、半球状，三个兽蹄足，口沿上竖立两个高大的耳子。口沿下腹上部有一周环纹带，其他部位没花纹，腹内铸有32行、499个字的铭文。

李德祥说：出土的铜器中就属这鼎上的字多。咸丰年间研究金石文字是陈介祺最有名，他搜集的汉印也最多，是德宝斋的老主顾。那时朝野文人学士喜爱秦砖汉瓦，秦汉印章，它们东西不大，却体现着中国的文化。瓦当、圹砖上有图案、有文字，秦汉印章上有鸟篆籀、金文小篆，镌刻讲究。有人说印章虽小，可与鼎彝碑版同珍，就是指章上刻的字。

杨兴顺说：要说印章是田黄、鸡血石的值钱，秦汉铸的铜印现在不多见了，搜集的人也少。

丁兆凯问道：李大爷，您说这印章什么年代的最早？

李德祥答：传说西周时代就有了官印，"周印最早"，可谁也没见过；"秦玺最宝"，更是瞧不见了。说周天子分封诸侯时给铸铜印，做官要有印是从那时传下来的。秦始皇当了皇上，把印玺看得至高无上，取蓝田之玉，命李斯书文，孙寿镌刻，制作了传国玺，乃传世国宝，得天下者一定要争夺到这颗传国玺！

杨兴顺说：印章的名儿太多，说不清楚，皇上的印章叫玺，我们柜上用的印章叫水印，我自己用的印章叫手戳。

李德祥：这叫因人而异，其实是一个东西，当然大小不同、质地不同、镌刻不同。皇上的就叫玺，王爷的叫宝，当官的叫印，你我的就叫手戳了。据说朝代不同，叫法也不同。秦始皇统一天下之前通称玺，始皇分制后皇帝之印称玺，其余的都叫印。汉代则诸侯王称玺，将军称章，其余均称印。明清以来才有什么水印、手戳的叫法。还有图章、图书、钤记、钤印、记、戳记、戳子等叫法。

丁兆凯说：我听袁翰林跟我们掌柜的讲，印章的制度是始于秦，盛行于汉，秦汉印章有价值，铜的多玉的少。

李德祥说：兆凯说的贴谱，袁翰林有研究，他也收藏古玉和印章，可与陈介祺比起来就是九牛一毛了。陈介祺收藏汉印数量多，号称万印，盖有万印楼。后人说他约有印章六千颗以上。印章这么多，镌刻的文字就多，字体也多。有人说，陈介祺囊括汉代名家之金石镌刻，汉代的各种字体，均可在其收藏印章中见到。其文字式样之齐全，书法之精美，刊镌之不失原形，传世之未损存真迹，乃绝无仅有的一部法帖、铜器铭文无法相比之汉代书法镌刻大全。

丁兆凯说：袁翰林还说过，西汉时代我国书写大多用布帛，在布帛写字便于在上面盖上印章，印章盛行跟在布帛上书写有关系。收藏家都赞美汉印古朴典雅，故言印必称汉。陈介祺收藏汉印，可说是"空前绝后"了。他去世后，清末民初，万印楼中的汉印由德宝斋代为销售。民国十三四年间在咱行里传出，赵飞燕玉印由德宝斋卖给张学良，由于凤至收藏着。

杨兴顺说：这事儿在琉璃厂传说多年，可德宝斋的人从来不说，也不加辩驳，是个谜。

李德祥说：咱们还说陈介祺，他收藏毛公鼎，那上面的铭文最长，字也好，跟散氏盘上的字不是一个风格，毛公鼎上的字，字体清秀圆润，笔道润腴，线条圆而厚，后人称之为书法、镌刻之楷模。陈介祺收藏、研究毛公鼎十好几年，到了同治年间才把毛公鼎铭文拓本公诸于金石学家之间。从此毛公鼎一直被文人学士所重视和推崇，而陈介祺也因收藏毛公鼎、研究金石学而著称于世。听说日本也有人研究中国金石学，以前他们崇拜陈介祺。后来发现了甲骨文，罗振玉研究甲骨文，他们又把罗振玉捧上天。而陈介祺在学识上人品上要胜过罗振玉千百倍。

丁兆凯说：有不少老古玩行人认识罗振玉，跟他交买卖。他也卖古玩，卖假的藏真的，跟我们掌柜的一样。罗振玉的名声、岳文轩的财力是古玩行人都知道的，他们依仗着这个，搜集收藏很多珍贵文物。罗振玉珍藏的东西在旅大。

李德祥说：你们掌柜的跟罗振玉不一路，虽然他们都做古董生意，但罗振玉是研究学问的，岳文轩是纯粹买卖人。陈介祺高他们一等，人家不做古玩生意，收藏金石研究金石学，著书立说。他毕生精力都用于收藏、拓墨和著述，道光、咸丰、同治、光绪四朝为官，两袖清风。著有《簠斋印集》、《集古录》、《十钟山房印举》、《吉金文释》。后人又把他和朋友讨论古文物之书信汇集成《陈簠斋尺牍》，并集其所收藏的金石拓本为《簠斋吉金录》。他善于拓墨，后人据其拓墨经验著成《传古别录》。他在光绪十年去世了，去世后二十一年，毛公鼎被端方强行买走，万印楼中之汉印转入德宝斋代售。

　　谈至此，李德祥喟然长叹，说："真正的收藏家世上并不多！"

　　说完这句话，他身子往太师椅上一仰，闭目养神了。

　　　　　　　　（摘自《骨董说奇珍》，北京出版社 1998 年出版）

陈介祺纪事

邓　华

　　清代著名收藏鉴赏家、一代金石大师陈介祺已离我们远去
120 年。他从京城回到故籍潍县，则一个半世纪了。随着时间推
移，民间流传着许多关于他的身世传闻和收藏轶事。

　　近两年由于笔者编著《潍城陈氏世家简史》和《清代大收藏
家陈介祺》两书，收集到大量珍贵史料，尤其是他的嫡传后裔陈
继揆（天津师范大学历史系原党支部书记兼系主任）和陈继遵
（文化部原外国文艺研究所副所长）两位老前辈，提供了许多真
实生动的史料，弄清了一些迷雾般的传说。这些珍贵史料，对研
究陈介祺的身世及其藏品都有较大价值，所以特归纳整理如下。

　　其一，陈介祺的父亲陈官俊，是汉族的官员，居然在清中期
先后做过礼部、工部尚书，并以吏部尚书协办大学士。他虽多次
遭受弹劾，几经宦海沉浮，却像不倒翁一样立足甚稳，而且能从
一介书生做到如此高官，实在不多。考其生平，也没有军功或突
出政绩。其原因何在？主要原因有三：一是他于嘉庆二十一年
（1816 年）入直上书房，是道光帝的老师，深受内廷信任。二是
嘉庆皇帝就立太子之事，曾征求过他老师的意见，陈官俊力荐旻
宁。后来旻宁做了皇帝，自然对他衷心感激，恩宠有加。三是陈
官俊在道光二十七年（1847 年）成为上书房总师傅，教授道光
皇帝的长子奕纬读书，训迪有方，得到道光皇帝嘉奖。但后来皇
长子英年早逝，道光帝见到他便思念已故的长子，所以对他礼遇

特厚。陈官俊虽然多次获咎，而道光帝恩礼始终不衰。

其二，关于大花翎顶戴的来历。陈介祺道光十五年（1835年）中举人，十年后中进士。其后，在翰林院供职整整十年，官职是翰林院编修，三品顶戴。在清代官职中，只有王爷、贝勒和有军功的武官才能赏戴花翎，而陈介祺始终是一介文官，如何成为"大花翎"的呢？

在其父陈官俊去世后的第四年（1852年），太平天国起义风起云涌，洪秀全定都南京，改称"天京"。清政府国库空虚，军需剧增，满汉官员之间的矛盾日益突出，朝廷命十八家前朝老臣捐钱助饷。僧格林沁又留下了四五位老臣，亲自催款逼捐，强令认交巨额捐款。当时，最低的出数千两白银，高者达万两。由于有人暗中拨弄是非，唯独要求陈介祺必须交纳巨资四万两，交不出则有满门抄斩之险。

陈介祺被逼无奈，竭尽全力筹银，卖掉全部店铺，奔波一个月才将这笔巨款筹齐，有惊无险地保全了身家性命。为此，咸丰皇帝为他记了军功，赏戴双眼花翎（花翎有单眼、双眼之分，民间称双眼花翎为大花翎），晋升他侍讲学士衔，赐二品顶戴，给予一串徒有虚名的官职和荣誉。本来陈介祺从他父亲一生的沉沉浮浮中已经看破了宦海险恶，这次几乎倾家荡产的遭遇更使他深深体验到"热闹场中良友少，巧机关内祸根蟠"。从此他决心急流勇退，借母丧丁忧回籍，辞官归里，潜心于收藏、鉴赏、考释和著述。

其三，关于民间传说中的双小庙陈氏故宅。陈介祺辞官前在北京有官邸（据说在今地质博物馆一带，在八国联军攻入北京时，与圆明园等处同时被焚毁）。回归潍城后，原先位于北门大街老大门"翰林院"的祖宅早已人满房缺，无法居住，所以在城西的来毕庄暂时栖身，到增福堂街买地建筑新宅。由此也可以看出，他辞官回籍隐居的决定是仓促做出的。建成后，大门口位于最东边（在增福堂街与罗家巷交界处）。门前，在布政司街的西口路北和芙蓉街北口的路西，各有一座小庙（其中之一是关帝庙）。不知这庙是何时建的，与陈介祺建房是否有关，两座庙的两旁各有一根旗杆。陈家宅子又是一直向西延伸成一长条，大门内有青石板铺的一条甬道。于是民间就流传：大花翎家的宅子是一条龙，大门口是嘴，甬道是舌头，两个小庙是眼睛，两根旗杆是龙须，陈家风水好。所以双小庙陈家和大花翎陈家都成为陈氏族系中陈介祺这一支的代号。陈介祺去世后，四个儿子分家时，陈厚滋搬到田宅街，厚钟和厚宗、厚达瓜分双小庙的宅子，一分为二，中间垒起隔墙，并在中间开出西大门。民间传说是因为"龙破了肚"，致使大花翎家遭到败落。

我们认为，陈介祺虽然对清廷的腐败有所不满，辞官归里专做学问，但他的思想还是"君臣父子"那一套，他绝不敢僭越犯上，把宅子盖成龙形，这会有杀头的危险。因此不会是有意为之，不过一切都凑巧而已。据老辈对笔者说，由于当时归里很急，陈介祺原想买下较大的宅基地，但地主要价过高，只能买下前面的一半，后面的一半，即后来我们称之为"后园"的一块，久未谈妥，时间紧，只好在前面的一半建宅。等房子盖好后，后面一半的地主看来再无索高价的可能，就又卖给了陈家，所以陈家的宅院盖得很局促。两栋房子之间的院子很狭窄，整个布局过于紧凑，而宅后却留了很大的一块空地，来历就是这样的。整个宅子盖成从东向西的细长条，也是由此造成的。先人们曾希望将来把后园建成后花园，但早已力不从心了。

其四，关于陈宅的格局。陈宅的格局不同于一般官宦宅第，既不是院落环套，更无亭台楼阁，除了前宅稍有规模以外（其祠堂、客厅、过厅也不过是"大三间"），后宅却是整整齐齐的两排六栋（每排三栋）的七连间排房。人们说陈家是兵营，这与当时宅基地狭小不无关系。但笔者却不明白这是一种什么设计思想，这与当时潍县各大户的宅第迥然不同，如与丁六宅相比，陈家的确是像兵营，与北京的诸多府第更是不一样，的确独有特色。现在全拆了，是很可惜的。陈宅房子非常独特，磨砖对缝，糯米汤和泥，石基部分都灌了铅，格局又是那样的独特，确有可研究的地方。单从建筑理念来讲，结合当时的环境，就大有可研究之处。陈介祺为什么这样设计他的府第，也是研究他的思想的重要部分，陈继遵先生根据记忆画了一张草图供读者了解当时陈府的布局。

其五，关于"万印楼"。潍坊人总有一个误解，总是把陈介祺的仓库东楼叫作"万印楼"，其实完全不是那回事。"万印楼"并无此楼，就跟"十钟山房"并无"山房"一样，只不过是陈介祺的一个斋号。"万印"实际上是把他自己收藏的七千多方与他的亲家吴式芬收藏的二千多方合并而称。他有方图章"万印楼主"，也是表示他藏有万印，并非确有此楼。他的后人也历来没有把祠堂主屋旁边的东楼称作"万印楼"的。实际上"万印"收藏在内宅东排上房西套间的一排楠木柜子里，陈介祺在世时，几种主要宝物如万印、十钟、毛公鼎、曾伯霥簠等重器都存放在此柜。这是一排四个并列的大楠木柜，分上下两层，全是暗锁，翻开寿字图案才见锁孔，是专门订做的。试想，这么重要的东西能存放在那个邻街的小楼里吗？那楼也的确存放过一些文物，但仅是秦砖汉瓦、陶片以及文房四宝之类。楼内还存放着皇帝赏赐的金瓜钺斧和两乘八台大轿、官衔牌、牛角宫灯等一整套礼器。在陈介祺故居陈列馆筹建时，陈氏后裔们曾对有关人士阐明此事，但未被重视，并认为"有个具体的东西，人们好理解"，当时考虑到人们总希望把一些抽象的东西物化，也就未过分坚持。特别是刘海粟先生题写了"万印楼"匾额后，也就默认了。可是，后来越来越觉得历史贵在真实，不能掩盖事实真相。现在对陈介祺有认识、感兴趣的反而是海外文化人，有华人，也有外国人，尤其是日本人。现在陈介祺陈列馆中悬挂的"万印楼"匾牌以及关于万印楼的介绍文章，会给人以误导，也会引起疑惑。

其六，关于陈介祺的家训：一不做官，二不经商，三与僧道无缘。陈介祺既然是看破清廷腐败、宦海险恶而借母丧辞官归故里的，因此不难理解他家训的第一条就是告诫子孙不许做官，远离是非漩涡。不经商——这是老辈知识分子对于子孙远离当时奸诈商人的防范之术。与僧道无缘，就是不要子孙们陷入迷信的深渊泥潭，确有一定道理。殊不知他这些家训虽有清高之处，却无可操作性。他很重视子孙读书、习文，可试想在那个年代，不做官，又不许经商，不是断了生路吗？只能是坐吃山空，这些世家子弟真的还能到农村务农不成？！实际上也未能坚持到底，比如：陈继遵的祖父后来给皇家修皇陵，如果皇陵修成，就可分配官职。只是好梦不成，辛亥革命爆发了，所以他对新事物恨之入骨。当有人介绍其子陈君藻和其弟陈秉忱去乐道院学医的时候，他竟然说："谁敢去，我就砸断他的腿。"可见，尽管祖训森严，但是这个封建大家族分崩离析，在所难免了。

（根据陈继遵提供的资料撰写）

陈介祺藏品轶事

邓 华

一、兮甲盘

兮甲盘是清代大收藏鉴赏家陈介祺收藏的一件重器，是周宣王时期的青铜器。宋代出土，是一件著名的传世文物，铸有153字的铭文，记述兮甲追随周王征伐猃狁之后，接着又奉命对南淮夷征收贡物，包括帛积等实物之征和力役之征。铭文还规定关于征收的法令，如果淮夷"敢不用命，则即刑扑伐"。铭文翔实而生动地记叙了作为中央政权的周王朝对周边地区的征伐和控制，对当时的政治、军事和经济都有重要的研究价值，是一件罕见的熟坑传世文物。

有趣的是，这件国宝在金元时期的战乱中遗失，据元人笔记记载，后来在一大户人家的宴会上出现，当作盛饼的大炊盘被端上餐桌。客人中的一位大学者发现了盘上的铭文，仔细辨别后，竟然是著名的兮甲盘。这位学者不动声色地向主人索要这只大铜盘，轻而易举地得到了这件传世国宝。清代时兮甲盘落入金石收藏鉴赏家陈介祺的手里。陈公过世后，传到长房第四位曾孙陈文辂处，后来下落不明，估计是在日本侵华前后落入日本人手中。

二、大丰簋

大丰簋是一件西周著名的青铜器，也是陈介祺早期收藏的一件国宝重器。该器又称"天亡簋"或"朕簋"，清代道光年间出土于陕西岐山。四耳作兽首形，有珥，方座，腹及方座皆饰卷体夔龙纹。造型庄重，装饰华丽，制作精致。腹内壁有铭文8行78字，记载周武王灭商后为其父王举行"大丰"的祀典，实际是铸造者对周文王父子的颂词。大丰簋是研究西周早期历史的重要文物，同时是西周铜器断代的标准器。

在《簠斋吉金录》的第三册首页上拓印的就是该器铭文。陈介祺亲笔在铭文两侧分别注明：敦一，武王时器，四耳方座簋，名不见文弓形称之。余藏此三十年，今日定为毛公聃年簋。癸酉七年二十九日乙亥。陈介祺记。并钤"海滨病史"印记。也就是说，陈介祺为考证这件国宝，用了整整30年时间，才予以定论。可见他治学严谨和对这件国宝的重视程度。

陈介祺的嫡传后裔、历史学家陈继揆在给笔者的信中指出：

"天亡簋"应称"聃毁"（毁是大碗的意思，青铜器铭文将铜簋称做毁，古籍内写作簋或写作匦）。该器是武王的小弟聃所铸。簠斋有考释，亲笔在我处。旧称"朕簋"（王者自称）也不对，铭文记武王讨纣事，岂能自称"朕"？最重要的一点是：此器与毛公鼎出一坑（簠斋亲笔注明，而大家不注意），铸器者聃，是文王的小儿子，毛氏是其后。

既然是与毛公鼎同出一坑，陈介祺又亲笔注明"余藏此三十年，今日定为毛公聘年簋"，所以"大丰簋"、"天亡簋"、"朕簋"
的命名都不确切，而"毛公聘簋"或简称"聘簋"才是名副其实
的命名，是周武王时期断代标准器，应该引起学术界重视，并予
以更名。它是与台北故宫博物院的镇院之宝毛公鼎遥相呼应的一
件重器。

毛公聘簋（大丰簋）在流传过程中险遭灭顶之灾，也是件有
惊无险的趣事。陈介祺过世后，他的子孙们经历了清政府崩溃、
民国时期军阀混战，日军侵华的血腥劫掠，解放战争的硝烟战
火，这件国宝竟不知何时何地经何人之手遗失，也不知流落何
处。新中国成立后，历史学家们费尽心机也无处查访。但到了
1956年，事情发生了戏剧性的变化，文物部门在上海的废品站
里发现了这件国宝，它差一点被当作废品送到冶铜炉里熔炼。该
器现珍藏于中国国家博物馆。

三、万方古印

陈介祺倾其毕生精力，收集了近万方先秦和秦汉古印玺。陈
公去世后，这万方古印传给他的长子陈厚钟，但厚钟辞世早于其
父，所以，万印实际是传到他的长房长孙陈阜处，后来又传到陈
阜的长子陈文会二子陈文徵分到的是富贵壶和吉羊洗。据陈继遵
先生回忆："祖父（文会）死后，万印在伯父（陈元章，字君善）
手中，日寇侵华期间，生活拮据，曾典卖一部分。解放后，在五
叔祖陈秉忱的动员下，伯父把剩余的捐给了故宫博物院，并动员
典买的人也捐了出来。因故宫博物院无专人管理，把这部分印玺
和后来从全国各地收集来的古印一起堆进了仓库。后来，叔提建
议故宫博物院把这部分印分辨出来，并建议我伯父陈君善去做此

事，所以他被聘为故宫博物院文物研究员。不久，因伯父摔了一跤，骨盆骨折，所以在任时间不长。新中国成立后，我父亲（陈奎章，字君藻）把分得的富贵壶、吉祥洗捐给了潍坊博物馆，后被调入山东省博物馆。簠斋（介祺）生前曾写过一副自撰对联'瓦当文延年益寿，铜盘铭富贵吉羊'。下联就是指这两件文物。"

笔者查阅 1986 年 10 月的《参考消息》，该报以上、中、下三篇连载《流落海外的中华国宝》，作者是李利国、林清玄、刘黎儿、李柏亨。该文下篇有一小段谈到日本京都的"藤井齐成会有邻馆"所藏重要中国珍宝。原文如下："有邻馆最有名的还是古印的搜集，从周代的铜印、玉印到清代的玉玺俱全，其中包括号称世界第一的陈介祺的收藏以及吴大澂及端方旧藏古印，总数达六千。此外三楼的一室展示有清乾隆帝的礼服。"笔者对此感到惊讶，不知这六千方中国古印中，究竟有多少方是陈介祺的旧藏？希望有关部门重视这批藏品的研究工作。

四、逄然义洞碑拓

翻过潍城西南郊区的浮烟山，有一个不大的村落，名叫平寿村。村子虽小，又地处僻壤，名声却显赫，因为汉魏时期潍坊地区称北海国，国治（国都）是平寿。史载：三国魏，北海国，232 年改置，国治平寿，属青州，辖九县……北朝魏：北海郡郡治平寿，属青州。直到现代，该村周围还经常挖出汉代砖瓦和铜剑。但平寿村不知是否确为当时的都邑？在清代，平寿村成了潍城陈氏世家的佃户村。这个小村早就引起陈介祺的注意，当他去该村访古时，听说早年有一块汉碑，上面刻有"逄然义洞"四个古拙大字，但这块石碑不知何朝何代被砌到一眼石井的井下。

　　汉碑是极为稀有的文物，逢然义是汉代一位高士，隐居在浮烟山下的平寿村。陈介祺当然非常想拓下汉碑上这几个大字，但无奈井下有水，无法拓制。后来，他指导该村村主，趁旱季水位下降时，调集众多村民用辘轳从井中取水，直到将水抽干，然后派人下井拓出这件汉碑拓片。陈介祺终于如愿以偿。

　　遗憾的是，古井后来被农民填平盖上房屋，现已无从觅其踪迹。

人类文明起源于文字

陈继揆

"文明"一词之含义，古今有异，今之含义乃西方文化传入中国后之词。

中华文明源远流长，先以文字为文明起源成说。近又有"城"说，又有"铜器铸造"说，后二者似均不妥。城市乃后起事，至于作为防御之城围则又起于氏族间之斗争，有用石者，有用土者，其源当早。以铜铸为说者，又似乎过晚。先有石器（其精者为玉），再有土器、陶器、用火后又用窑，均经过甚长时间之发展。铜之铸造则为较晚之事，为人类文明已有大发展时事。

笔者向来认为文字乃中华文明之起源。此又为不得不辩事，因关乎中华文明史，是四千年，是五千年，抑六千年之论定。昔日记中华文明说者似乎偏晚，为四大发明说者，传说近百年，由于科学之发展，考古之发现又何止此哉！

文字之发展必有一相当长之过程。先会有图、有记、有符号。至独字必有指意。古者文和字，各有其意。人类文字之发展必有不同阶段，文字之发生亦非一地一源。考古学者在中华大地东西南北中皆发现"初文"。就余故乡山东半岛言，早起于龙山文化、大汶口文化、莒地皆有之。潍县乡内（姚官庄、鲁家口）则为新石器时代晚期，相当于夏前或夏初之岳石文化即有文字之陶器发现。最值得注意者，此类文字均著于陶器。而陶片遍地皆有，由于文化素质低，无人提倡，无人问津。何地有？何时有？

无人知之，尚不如民国初年，好者收藏一二百片者颇有之。余先祖陈介祺公乃陶文发现研究之第一人，早甲骨发现二十年。原物已归青岛博物馆，今则为人盗没。

　　笔者先六世祖簠斋介祺先生，有一诗曾写在他的著作上。书乃家抄本，诗则亲笔。此诗外界无传，久欲抄录传世，今请老友书法家余明善先生书写条幅，复印二百份，分赠友好。无他意，求心地交流而已。

　　诗作于清同治十二年（1873 年），近百卅年。癸酉七月晦，与长孙阜论开辟混沌只是文字，人心亦然，小咏附此。

<blockquote>
天开混沌由文字，
人扩灵明亦在兹。
大意微言常不觉，
终归混沌又何疑。
</blockquote>

《簠斋论陶》序

陈继揆

　　清代著名金石学家、山东潍县陈介祺簠斋，为陶文发现、鉴定、考释之第一人。古器物向以鼎彝为重，未闻有以古陶器置诸业架者也。考陶器古于金器，陶文早于金文。委弃瓦砾间之陶器文字，则从未引起人们注意。簠斋平生有三代文字之好，收藏金石之富，早已闻名海内外，而晚年忽得陶器文字，诧为继金文、货布文、古玺文后古文字中最重要资料。欣喜万分，自号曰"齐东陶父"、"有周陶正之后"，名斋曰"三代古陶轩"，又曰"宝康瓠室"，语出贾谊传屈原赋"斡弃周鼎兮宝康瓠"，其意趣可见也。

　　簠斋发现陶文之年代，前辈学者以为光绪二年，乃取资于簠斋手札。15年前，李学勤先生得见簠斋手跋陶文拓本，时间定为同治十一年（1872年），著文发表于《齐鲁学刊》。余翻检旧册，亦得同年题跋一纸。始得之陶片，抑有田陈氏之印记，系得自同邑于姓，出土于齐国大邑即墨故城遗址。忆余幼年时，见拓片箱内，此陶片之拓本特多，先人之珍重，可以想见。唯初时以为瓦类异品，续有所得，始别出陶器陶文一款，此亦事物认识之常也。

　　簠斋收集陶器陶文最多则在光绪二三年间，其时山东省大旱，农民饥馑待食，先生亲率长孙陈阜在家乡兴办粥厂数处，以济灾民。齐故都临淄农民，风闻潍县陈氏有收瓦陶之事，俯拾于野，纷沓送至，先生如数偿值。后之论者以亦此举办寓代赈之意焉。

簠斋所藏陶器陶片，以齐地出土为多。临淄为最，鲁地、邹、滕次之。部分来自关中，想系古董商人苏亿年代觅。洛阳出土者亦有之，如完器字曰"北骀"者是。总之视为集齐鲁陶文之大成可也。

陈氏藏陶总数，完器有文字者，助手姚公符制图63，器形用砖而文字照原器拓，后又补作小器图若干。残陶文片，究有若干，尚难确言。拟光绪九年簠斋作联语："陶文齐鲁四千种，印篆周秦一万方"时，自记"将及五千"。长房分得原物于"七七事变"前夕经谢刚主先生介绍售于青岛博物馆。拟收点者言，总数为4800件，至今封箱未动。然原山东文管会副主任，省图书馆长王献唐先生，对簠斋遗物遗作研究最勤，全部陶文拓片及"簠斋陶释"均经其亲自整理。生前曾谓潍县陈氏藏陶七千片，或有根据。盖簠斋于光绪十年殁后，次子原滋续有收获。原滋以收藏货币、陶文为主，亦见记载。

簠斋鉴定陶文后，当即交付拓工拓，登登之声，终日不绝。少则数份，多则20份，所拓皆由拓工加纸条束之，记明收得年月日，共拓若干纸。间有注明代访助手姓名者，如高文翰、杜锡九，皆潍县人。马庆灏，临淄人。"陈向立事岁"瓦釜大片，即为马氏访得者。"公窑"一片记明系光绪七年六月初一由杜锡九访得。

拓墨之后，随作印记。用《三代古陶轩》者，秦前文字也。用"宝康瓠室"者，两汉文字也。瓦豆以"瓦登"木印别之，余皆用"瓦器"木印统之。秦诏瓦量则用"古瓦量斋"、"集秦斯之大观"识之。珍重之品加印"古陶主人"、"齐东陶父"、"簠斋先秦文字"诸印。

　　簠斋藏陶，随拓随释，或略作题记。现藏于山东省博物馆之《簠斋陶释》，四函十六册，为较集中者。完器图拓装轴写有释文，记明出土地点。先生得陶，拓本无不寄与同好吴大澂先生。光绪三年（1877年）二月，吴氏得七十余纸时，作《陶文释》，得八百余纸时，作《三代秦汉古陶文字考》，皆草创之稿，家藏丁佛言先生手写《愙斋陶释》又为一稿。同年成《古隐释文》四卷，簠斋复函曰："二千年古文字未发之藏，祺之世及见之，祺之友能读之，真至幸矣。"光绪八年，吴氏在吉林任所，作《说文古补》，择陶文入录，奇字别为附录。丁佛言先生作《说文古籀补》，于我家得见陶拓全部及簠斋释文，多所取择焉。

　　经簠斋倡导，文字好友潘祖荫、王懿荣皆请人来临淄收罗。济南道李山农、东武王念亭亦相争购。同邑尚陶室郭氏收藏亦丰。稍后则有黄县丁氏藏四千片，近代周进季木所藏亦四千片，精品不少，数如陈氏。盖陈氏故后，其传古助手客于丁周二氏，有以相助也。

　　陶文专刊，有刘鹗之"铁云藏陶"系得之其师王懿荣者。周进之《季木藏陶》，影印最精。文字汇编为专著，则属顾廷龙先生之《古陶文舂录》最早，影响亦最大。天津王襄先生著《古陶残器絮语》，发表于燕京学报，要属一篇概论文字。台湾出版《陶文编》则未见其书。

　　陶文既为研究古文字之重要资料，其于我国古代之文明制度及史地之研究，所可取资者多矣。本书图片所影"齐法"、"公窑"及有田陈氏印记诸片，均有关制度者。

　　先民使用陶器最早，新石器时代遗址，近年时有陶器刻画文字之发现。齐东且有东方少数古民族古陶文字出土。故乡潍县鲁家口遗址更有相当于夏代之陶文印记发现。六国陶文向为收藏家、古文字学家收录，燕有《燕陶馆藏陶》之集，秦陶文字近由袁仲一先生整理出版。陶文研究之时代和空间皆大有扩展，唯簠斋藏陶收录传拓最多亦最早，而始终未为学者广泛应用。今闻《簠斋藏陶》、《簠斋陶释》已列出版计划，实考古学界之大事。若能广搜各地各家所有，编为"陶文合集"，尤所翘企。

　　本书之辑，以编年为体，视为齐鲁陶文发现之史料可也。

（选自《文物天地》1994 年第 5 期）

一位超前的古文字史探索者

邓 华

　　清代大收藏鉴赏家陈介祺不仅在金石学领域独树一帜，他的突出贡献，则是对我国古文字的起源进行了超前探索。

　　众所周知，自从宋代形成金石学以来，我国的文人学者，专注于金石文字的研究和考证。到清代后期，学者们已从历朝历代发掘出的四千多件钟鼎彝器上发现了两三千个不同的铸刻文字，并考释出近两千个古代文字。此外，访碑考碑，研究秦汉印玺、篆刻也蔚成风气。

　　我国古代铸刻在金属彝器上面的文字，多为周代遗物，也有少数铸在商代青铜器上的，而且是晚商。所以，金石领域探索考释的古代文字，多为周代至秦汉的古文字。当然，陈介祺在金石领域对我国古文字的探索，不仅极为突出，而且是独领风骚。表现在：

　　其一，他收藏了迄今为止铭文字数最多的国宝重器毛公鼎，当时发现腹内铸有铭文497字，并耗费十年的精力，进行了认真严格的考释。

　　其二，他从年轻时便开始收藏研究古印玺，到花甲之年时，达到七千余方。再加上后来从吴式芬那里得到的二千余方，已接近万方古印，因此斋号"万印楼"，号称"万印楼主人"，成为金石学界公认的"南有西泠，北有万印"，独树一帜的金石收藏鉴赏家。

其三，他收藏了带铭文的商周古钟 11 架、青铜彝器近 300 件、秦汉铜器近 100 件、古铜镜 200 余件，并拥有数千件古钱币、钱范和铜造像，在青铜文字收藏研究方面纵横捭阖，游刃有余。

其四，他周游各地，访碑拓碑，并收藏有 120 块石刻碑碣。更重要的是，他不拘泥于金石领域的收藏考证，将视野大胆地突破了金石领域对古陶文进行寻访、传拓和收藏研究。他的藏品中有带字古砖 326 块、瓦当 932 件、封泥 548 方、陶器 63 件、陶文 5000 余片。在如此大规模寻访探索的基础上追本溯源。

历代的金石学家们对泥制的古陶器不屑一顾，而陈介祺则慧眼独具，一扫金石学界的清规戒律，早在同治十一年（1872 年）从潍县大户于姓手中购得齐国名城即墨故城遗址出土的带字"瓦器"，经他鉴定为战国时期的陶器文字。这使他激动万分，开始在齐鲁各地大量搜购带文字的古陶器，并将这些陶文用墨拓下来，装订成册，赠寄金石好友，共同考释，探索研究。到光绪四年（1878 年），他将收藏的三千多片古陶文字编辑成《陶文考释》刊行，为金石学开辟出一片新的领域，为我国史前文字的探索奠定了基础。他自号为"齐东陶父"，将斋名取为"三代古陶轩"，并于光绪九年（1883 年）亲制楹联："陶文齐鲁四千种，印篆周秦一万方"，可见他对古陶文字探索研究的重视程度。

特别应当提及的是，陈介祺发现并考释古陶文的年代是 1872 年，比王懿荣 1899 年发现甲骨文还早 27 年。陈介祺比王懿荣大 32 岁，两人既是山东老乡，又有姻亲关系（王懿荣称他为寿丈），在收藏鉴赏和古文字研究方面成为忘年之交。陈介祺的嫡系后裔、历史学家陈继揆辑录的《秦前文字之语》卷二中就收进陈介祺致王懿荣书信七十多封，其中尚缺四年的信札。再加上王懿荣有信必复的答酬，两人的书信往来可达到二百封左右。这些频繁往复的通信，无一不是研究探索金石文字的。可见，王懿荣日后识别甲骨文是深受陈介祺影响的，长期探索金石文字为他打下了很好的基础，发现甲骨文也是顺理成章的事情。

笔者的推断，既抹杀不了王懿荣甲骨文之父的荣誉，又可佐证陈介祺古陶文之父的地位。

陈介祺对古陶文研究有一段精辟的结论，他说："古陶文不外地名、官名、器名、作者用者姓名与其事其数。"他在当时历史条件局限下，尽管只能认定这些陶文是三代古陶文字，没有考证出其中应有史前文字来，但是他已经意识到人类文明的起源在于文字。早在同治十一年（1872 年）他与自己的长孙陈阜议论"开辟混沌只是文字，人心亦然"的时候，还赋得一首小诗："天开混沌由文字，人扩灵明亦在兹。大意微言常不觉，终归混沌又何疑。"这首诗是确切的历史佐证，证明陈介祺不仅将陶文的研究推到了远古三代，也将古文字的产生，作为人类蒙昧与文明的分水岭。这是由钟鼎文研究跨越甲骨文研究，直接探索古文字源头的佐证。陈介祺与恩格斯是同时代人，他们对于人类文明起源于文字的见解和学说竟不谋而合。

陈介祺在撰写楹联"陶文齐鲁四千种，印篆周秦一万方"时，自注"将及五千"。其长子陈厚钟的后人分到了这批带陶文古器，转售给青岛博物馆，清点者称总数有 4800 件，据说至今封箱未动。那么，在这批尘封的陶文中有无载有原始文字的古陶片至今还是个谜。笔者在本书中特意收进了陈介祺的近百个古陶文字拓片，供读者鉴赏，愿有识之士能从中考证出史前文字，那将是莫大收获。

由于当时交通运输条件限制，陈介祺搜求的古陶文，绝大多数出自齐鲁，最多的是出自春秋战国时期齐国的国都临淄，山东西南部的鲁地和邹平、滕县等地也颇多。还有一部分是当初贩运毛公鼎给陈介祺的陕西古玩商人苏亿年，应陈公之邀在关中地区搜购的。另外还有来自河南的。总的来说，以齐鲁大地的古陶文为最。

现代的考古发掘，竟印证了陈介祺在齐鲁大地搜求古陶文的初衷。

陈介祺对古陶文收藏鉴赏考证研究的意义是重大的，它是我国对史前文字研究的发端。从这个意义上说，王懿荣是商代甲骨文之父，陈介祺则是比甲骨文研究更前瞻的古陶文研究之父，是一位超前的古文字史探索者。让我们看看新中国成立后齐鲁大地上发掘古陶文的成就吧。

半个多世纪以来，考古工作者们在山东诸城市前寨、莒县凌阳河、大朱村、杭头等地，先后发现了大汶口文化时期刻划在陶尊上的图案文字。经过许多专家考证，认为其中有七个可以辨析的汉字。在莒县一个古代酿酒区出土的一批具有 4800 年历史的陶制酒瓶上，也发现刻有图画般的符号，专家们在这些图案中辨别出"南"字和"享"字，这些奇奇怪怪的图案和刻画符号震惊了考古学界。从这些陶器文字的出土遗址向南一百多公里，便是著名的连云港将军崖岩画。这批岩画位于连云港市锦屏山南麓，南北长 22.1 米，东西宽 15 米，是 1980 年被发现的，它们反映了 4600 年前龙山文化初期原始社会农业部落的生产、生活和意识形态。这批岩画共分四组：画面上有人面、农作物、兽面和鱼形图案，并有各种符号和不规则的网状线条。另外，还刻有最为古老的星象图。将军崖岩画被誉为"东方天书"，它是我国汉族地区最早发现的岩画和年代最早的岩画，也是迄今发现的唯一反映我国原始农业部落社会生活的岩画，它们与几乎同一地区出现的 4800 年前的莒县陶制酒瓶上的古文字刻符相互印证着我国古代象形文字（包括图画和刻符）的历史渊源。与莒县毗邻的诸城前寨遗址也曾出土过大汶口文化时期的带字陶尊，它的腹部刻有一字，与莒县陵阳河遗址发现的陶文完全相同，陶文分上中下三部分，由上为象征太阳的 O，中为象征云气的 ☋ 和下为象征山脉的 ⛰ 组成。著名古文字学家于省吾先生指出："云气承托着初出山的太阳，早晨旦明的景象宛然若绘，我认为是一个旦字，也是一个会意字。"由此充分证明陶器文字源于大汶口文化时期，距今已有五六千年的历史。

　　值得注意的是，20 世纪 90 年代初，山东邹平丁公遗址城也出土过一块刻着 11 个古字符的陶器碎片，这是一块泥制灰陶残片，上面用弯弯曲曲的笔画刻出 5 行 11 字，这些字都是用连笔刻写，它们的字形像一个个弯曲的绳结。笔者认为，这种原始字体，与刻符文字不同，与图画文字也不同，它应该是结绳纪事时期的产物，也就是说它们产生于石器时代用于纪事的绳结。不同的绳结，记载着不同的信息，将这些结绳时代遗留的形状刻画到陶器上，便产生了这种独树一帜的陶文。

　　还有一块值得注意的古陶片，1996 年春，在山东省西部阳谷县张秋镇景阳冈村附近，也出土过一块带刻符文字的陶片。景阳冈是一处较大规模的龙山文化城遗址，出土的这块带刻文陶片是泥制磨光黑陶罐肩部的残片，大体呈三角形，文字是烧制之前刻上的。刻文以点、直线、折线组成，既不像装饰图案，也不是绘画，而是三组刻画文字，刻法古拙。有的专家认为从字的形体看，与甲骨文似有渊源关系。这又是一种独成体系的原始陶文。

　　迄今为止，从我国发掘的陶器（包括残片）资料来看，新石器时期单字陶文刻符在陕西西安半坡遗址、临潼姜寨遗址、青海乐都柳湾遗址、安徽蒙城等地均有发现。而成语成句的陶文刻符只有在山东省各处分布，这大体能说明大汶口文化及龙山文化区域是陶器文字的主要发源地。此外，我们从莒县古陶酒瓶、邹平丁公城遗址以及阳谷景阳冈城遗址出土陶文的不同笔法书体来看，在小国寡民、城邦林立的龙山时代，图画文字、刻符文字、结绳文字各有渊源，各成独立体系。经过长期历史变化，一些不便于识别和流传的字体逐渐被淘汰。后来，在形成统一政治权利中心的基础上，文字才统一发展起来。

这些不同的陶器刻文，正是不同氏族部落向文明过渡的历史进程中，凭自己的聪明才智逐步创造发明的。它们证实了这是比甲骨文还要早一千多年的陶器文字，是现代汉字的祖型或远祖型。它们充分证明，中国人和埃及人以及苏美尔人几乎同一时期创造发展了文字书写系统。

从考古发掘实物来看，大汶口文化与龙山文化时期构成句型的陶文残片都出土于山东地区，而且遍布于山东各地，这说明山东是我国原始文字最早的创始地域之一。山东半岛三面环海，一面是大平原，有利于原始人类的交通和农耕生产，再加上渔盐之利，为原始经济积累创造了良好条件。从胶县三里河遗址和诸城呈子遗址中出土的铜器残片来看，该地在龙山文化时期已经掌握了冶炼铜器技术，先进的经济和生产技术，为文字产生和文化发展奠定了基础。可以推断，黄帝在扫荡万邦，统一华夏过程中，必然会与东夷一些强大部落结成联盟，仓颉就是在这个时期成为黄帝史官，以东夷和各地古陶器原始文字为基础，初步创造出成句型远古文字的。

陈介祺辞世一百多年来，历史学家和考古学家们对钟鼎文和甲骨文，进行了一轮又一轮地发掘整理、考释和研究，但对陈公给我们留下的五千多种（有人认为七千多种）古陶文字，尚未能全面系统地进行整理、考释和研究。怎样把散失在各处的陈介祺古陶文字重新搜集起来编辑成册，以利于进一步研究。在陈介祺留下的这批宝贵历史文化遗产里，究竟有多少是史前刻符或图画，多少是既能表音又能表意的原始文字？哪些属于大汶口文化时期的原始文字？哪些又进化为龙山文化时期的原始文字？它们与三代古陶文字的历史渊源关系如何？与商代甲骨文的历史渊源关系如何？它们与新中国成立后在山东发现的莒县古陶瓶文字、邹平丁公城遗址以及阳谷县景阳岗城遗址出土的各种陶文有何承前启后的发展关系？这一系列重大的历史文化课题早已摆在我们面前。

在这里应该提到的是，苏州怡园古代石刻碑廊中刻有"古仓颉书"、"夏禹书"和"鲁司冠仲"等珍贵历史文献，也是我们研究陈介祺留下的古陶文字的重要参照物。

总之，陈介祺这位超前的古文字史探索者为我们留下的宝贵历史文化遗产，我们应该予以重视，全面搜集，尽快整理，深入研究！

万 印 楼

刘秉信

万印楼坐落在潍坊市潍城区增福堂街东首道北陈介祺故居内。始建于清道光三十年（1850年），是坐东朝西的民房式建筑，上下两层各34楹，面阔5间，为著名金石学家陈介祺庋藏金石彝器之处，人称"万印楼"。

陈介祺故居原建筑规模颇大，占地约1万平方米。前面并列东西两个大门，分别高悬"康济功深"、"德敷闉阇"两块巨匾，为何绍基书。深宅为五进庭院，内有厅堂、走廊、居室、书房、花园等。万印楼位于故居的东北隅跨院，东临罗家巷（今芙蓉街），西面紧靠"主屋"（供奉祖先用房）。主屋为北厅3楹，前出廊，踏步3级，明间开隔扇门，正中高悬清宣宗旻宁御赐"耆臣寿母"匾额。栋梁略施纹饰，廊柱上附卷云雕刻，前檐枋上绘博古器物纹饰，显示出主人超俗的旨趣和寄托。南面有花厅3楹，七檩硬山式，前出廊，台阶3重，原是陈介祺会宾宴客之所。当代古建筑专家陈从周教授，曾慕名专程来潍考察这闻名海内几经沧桑劫难后仅存的"万印楼"陈介祺故居古建筑格调。

潍县解放后，陈介祺故居由其后裔售与私立新华中学作为校舍。1952年市人民政府接管私立中学后，改称潍坊市第三中学。1982年潍坊市第三中学改建教学楼时，准备将旧校舍全部拆除。当时经潍坊市有关部门研究和陈氏后裔呼吁，万印楼和主屋及花厅得以保留。1992年为了保护这一文化古迹，纪念陈介祺这位杰出的金石学大师，经山东省人民政府公布万印楼为山东省文物保护单位。潍城区人民政府于同年拨专款加以修葺恢复原貌，建立了陈介祺故居陈列馆。陈列馆新开大门位于罗家巷（今芙蓉街）北首路西。艺术大师刘海粟题写了"万印楼"匾额，书法家启功先生题写了"陈介祺故居陈列馆"馆名，书法家沈鹏先生题词："源溯先秦，功垂后世"。于1993年正式开馆至今。

陈介祺为人正直，不阿权势，出身宦门，却鄙薄仕途。其时清王朝危机四伏，处于风雨飘摇的历史时期。他目睹清廷丧权辱国，不满官场黑暗腐败，于咸丰四年（1854年）借母丧丁忧返回故里，从此再不复出。回潍后，专心致志于金石文物的收藏和研究，不惜巨资，四处购求文物，足迹踏遍齐鲁大地。每得一器一物，必考识文字，查其渊源，考其价值，解难释疑，一丝不苟。他精于鉴别，著名学者王献唐评论他"心细如发，眼明如炬"。就私人收藏而言，无人能超过他。《清史稿》中称他："所藏钟彝器金石为近代之冠。"郭沫若称其为"前无古人，后无来者"，成为清代著名金石鉴定家、古文字学家、书法家。

万印楼内储藏过多少文物，现不可考，但陈介祺一生收藏的金石文物，类多、面广、量大，尤重珍品。藏品中有商周青铜器248件（山左出土者70件），商周青铜钟11件，秦汉铜器98件，石刻119件，铜镜200件，玺印7000余方，古砖326件，瓦当923件，封泥548件，陶器63件，陶文5000件，钱币、铜镜、镞各式范1000件，还收藏秦汉权、碑碣、造像、诏版、古画、秘籍等文物逾万件。其中：

古印玺：陈介祺于青年时期就致力于古印玺收藏，到38岁时已达800多方，同治十年（1871年），购得潘有为印千余方，后累至2000多方。在十多位金石学者鼎力帮助下，不断购得古印珍品。又得到吴式芬所收藏古印 2000 多方，其印玺多达万方，故自号"万印楼主人"，由篆刻家王石经为其刻"万印楼"印章一方，并自撰楹联一副："陶文齐鲁四千种，印篆周秦一万方"。欣喜之情溢于言表。后被金石界誉为"南有西泠，北有万印"。

他收藏的印玺极为丰富。按材质分类，有金、银、铜、玉、铁、铅、水晶、水石、陶、琉璃、牙钿等；按印式分类，有古玺、官印、姓名印、巨印、套印、姓名回文印、姓名表字印、复姓、五面六面、吉祥语、殳篆、鱼鸟、虫篆、言事、曰疏、曰笺、象形等计 30 种。簠斋之功首先在于鉴别白文古玺，明确其时代及价值。其中有万印首品"婕好妾媠"玉印，方形，阴刻鸟篆，盘曲秀美，现存于北京故宫博物院。有官印之首"淮阳王玺"（淮阳王刘钦为汉宣帝刘询之次子），白玉质，有朱赤志，白文，壇纽，古朴庄重，现存于国家博物馆。

为使万印楼藏印传之后世，陈介祺曾邀请许瀚、吴式芬、何绍基等名家审定其部分藏印。早在咸丰二年（1852 年）嘱陈畯（字粟园）钤印《簠斋印集》共十部，集汉魏六朝前之官印、私印 2000 多方。同治十一年（1872 年）他精选慎收，又增李璋煜、吴云、吴式芬、吴大澂、李佐贤、鲍康等诸家藏印，壬申年遂自己着手整理。以科学编排体例，按印式、印材类举方式编成《十钟山房印举》。自先秦至六朝的印章，精彩者一一被编入册。每页一至三印钤成，用粤纸钤印十部，苏纸钤印十部。岁在壬申，称"壬申本"，时值陈介祺 60 岁，故又称六十岁本。到光绪九年（1883 年）陈介祺得印益多，复将《十钟山房印举》进行增订，用苏中棉纸拓印十部，每部 194 册，收印 10402 方（陈介祺故居陈列馆内数字），此为定本，也称七十岁本。是我国印谱之最，时代分类之范本。1922 年由上海商务印书馆涵芬楼精印出版，得以在社会上广为流传。陈介祺以毕生之收藏，倾注了全部精力，收印之古之多，选求之精，实属罕见，被称为"印谱之冠"、"印学之宗"。为后人研究印章的发展及艺术演变，提供了极为重要的参考，对整个中国篆刻艺术起到了极大的推动作用。

古青铜器：陈介祺早年购得周代青铜器"曾伯霥簠"，爱不释手，故自号"簠斋"。新中国成立后，由陈氏后裔捐献给国家，现存于北京故宫博物院。重器聘簋又称"天亡簋"，是西周武王灭商的断代标准器，现存于国家博物馆。"毛公鼎"是我国的国宝，相传道光末年在陕西出土，系周宣王的叔父毛公厝铸造，又名"厝鼎"。鼎形是立耳、深腹、圜底、蹄足，腹壁铸有铭文32行，计497字。遒丽健美，稚拙古扑，被推为金文瑰宝。铭文内容为宣王任命毛公为执政大臣的"册令"，是研究古代文字和书法的重要实物资料。学者王国维、郭沫若都对此作过考证，为传世青铜器铭文最长的一代重器，被称为"吉金之冠"。后被其孙陈陔卖给端方，几经转手，现存于台北故宫博物院。商周古乐钟11件，概称为"十钟"，其中纪侯钟、楚公钟均为古代乐器的典型代表，后流失于日本。鄦侯驭方鼎、兮甲盘、聘敦、迟簋、梁上宫鼎、齐太公釜等都是稀世珍品。

陈介祺又是陶文的最早发现者、收藏者和颇有贡献的研究者，有"开创之功"。他与友人合编《陶文考释》为后来的陶文研究奠定了基础，开拓了金石学新领域。

他还对封泥进行了开拓性研究。不仅大量收集，而且加以考释。并与吴式芬合编了十卷本《封泥考释》，是我国最早研究封泥的专著，对研究秦汉官制、地理等都极有参考价值。

陈介祺在金石学研究中，辛勤耕耘50个春秋，为后人留下了50余种著作，卷帙浩繁。其代表作有：《簠斋吉金录》、《簠斋金文考释》，是记录他一生收藏和鉴别考释金石的集子。《簠斋尺牍》是他毕生考证金石器物与当时金石专家交换意见的信札，保存了许多研究金石的经验和心得，也是一册金石学的论文集。他治学严谨，鉴精藏富，多有创见，因而受到学者的钦佩和推崇。他所收藏的大量文物和著作，为后人进行古文字和文化艺术研究，提供了宝贵的依据。

为了大力弘扬传统文化遗产，陈氏家族向陈列馆献出了珍藏多年的大量文物和文字资料，供游人观赏。当人们踏进万印楼展室时，目睹众多的珍贵实物，对这位潍坊文化名人的崇敬心情油然而生。他把古代灿烂文化传给了我们，为中华民族文化史写下了光辉的一页。万印楼将名垂千古。

万印楼藏印始末

陈君善

我高祖陈簠斋是前清同治、光绪年间的考古学者，所藏古器物也很多。最著名者有"万印"、"十钟"、毛公鼎三种，其中万印尤为高祖竭毕生精力所聚。这多数的古印收集，系由 19 岁起积累了 40 多年，除广东何伯瑜、昆玉兄弟曾以 2700 余方来归以外，其余均为十方八方三方五方零星得来，集成此数，实非易事。所以万印楼藏印海内知名，成有《十钟山房印举》一书，曾钤印行世。

这部分古印，虽名万印，其实只有 7000 余方。原来尚有一部分系海丰（今山东无棣县）吴子必先生所有（吴子必先生名式芬，亦我高祖同时的考古学者，著有《捃古录》，并与我高祖同著《封泥考略》）。后遗失，为我高祖所收，后来还给了子必先生的儿子吴仲饴先生（仲饴先生名重憙，是我高祖的子婿，是一位能继承家学的文学家，著有《石莲庵诗词》等书）。即独立成为《双虞壶斋印谱》者。

万印中最有名者为赵飞燕玉印，原为龚定庵（龚自珍号定盦）所藏，文曰"婕妤妾赵"（汉代官婕妤，姓赵者有三人，是娟非赵，此旧俗称），作鸟篆体，定庵认为飞燕故物。曾有五律四首纪之（见《定盦文集》）。一时名流诗人，题咏殆遍，散见各家诗集。后归南海潘氏，辗转售于我家。次曰琅玡相银印，相传明代存某士人手。严嵩欲得之，搜于其家。士人吞入腹中，后竟无恙。相传如此，恐其未确。因印甚巨，约有寸余，龟纽之间，附有银环，非易吞之物也。然传世已久，明代即见著录，流传几百年，其名贵可知。

我高祖研究古印，与各家微有不同，官职地名，自在研究中，而私印中姓名与汉代显者相同如王凤、王尊等，反等闲视之，以为未必即其人之物。而一二姓名曾见碑版者，则视为奇珍，与当时同好如何子贞先生等反复研究讨论。

万印在我高祖故后析产时，分在我祖父手中，保存了几十年。我祖父故后，我父亲与诸叔父析产，因为不肯将此项古印分割，就全部归了我父亲。

1914年，第一次世界大战时，日本兵由龙口登陆，我父亲和我三叔父奉了我祖母迁居天津，将万印携带至津。这时我父亲已患有严重的肺结核病，时常卧床。

万印之中，有三代古玺，秦汉晋官印和私印，绝大多数是铜质的，只有四十余方金、玉、银质的古印，是其中精华。由我父亲亲自携带，在津寓有一次被窃，将"汉十二字金玺"和几方玉印丢失，我父亲发现以后，吐血病加重了。但是秘不告人，即对我也未曾说过。这几方玉印为陶北溟所得，金印为孙伯恒所得。曾记我们住在潘家河沿的时候，陶北溟来访，出示了这几方玉印，陶走后，我父亲就大吐血，卧病多日。孙伯恒是我父亲的好友，一同研究考古的，但是这方金玺，也不曾"归赵"。

我父亲患有长期的严重肺病，后来我母亲也患癌症，家中的薄田早已卖与他人，不得已借债医病。利息过高，无法应付，每届归还之期，往往不能付给，即将利作本，以致债务累积，周转不灵，万分困苦。我在来京探视我父亲时，有一次对我父亲说可否将万印出卖？我在父亲面前从来不敢有此等建议，这次实在被逼无法，才吐露了我的意思。我父亲叹口气说，我活不了几年了，我死之后，你再出卖吧。

我们在天津那次被窃，幸而没有全行盗走，赵飞燕、淮阳王、琅玡相诸印犹在，倘使全行肱箧而去，恐怕我父亲也活不了后来那十几年（何思源任山东省教育厅长时，王献唐提出给我家3万元，万印归国家。厅务会议通过而未实现）。

1930年，我父亲病故于北平，我由山东奔丧前来，那时津浦路不通，是由海道转大连到达天津的。未几山东战事又起，北平也在动乱之中，汪精卫等在京搞扩大会议。到了冯、阎反蒋战败，北平又改了局面，山西派完全退出，改为奉系势力，王敬三以财政局长护理北平市长（王敬三名韬，福山人，系王廉生先生之堂侄，廉生先生也是我高祖同时的考古学者，不过辈分较晚，年纪较轻，与我们又属姻亲，两家交情甚厚）。王敬三闻我在平便找我为他司书札和应酬文字，我从此便在北平市政府作了职员，未回故乡。同时有琉璃厂德宝斋古玩铺伙计刘廉泉、王凌汉、毛润甫等正奔走顺承王府为张学良购求古物，便来商购万印。

德宝斋是我父亲在时熟识的古玩铺，也曾代我父亲卖过少数字画。他们的作风，是代人居间，从中攫取大量利润。他们是山西人，虽然是古玩铺，也同时放债。在我父亲病故时，我由家中空手奔来，虽然有我叔父和亲友帮助，已经棺殓，然旧社会中又不能诸事从简，所费较多，不得不向德宝斋称贷，因此德宝斋也成为我债权人之一。既至商购万印之时，德宝斋因万印已掌握在他们手中，便尽量供应。故乡债户应付之息，亦靠德宝斋周转，一二年中已积累了若干欠款。

在商谈万印之时，我熟识的人和顺承王府有往来的，也替我从旁探听，听说张学良欲购万印，实为赵飞燕一印。因张之女友赵四小姐以飞燕自况，必欲得之，张氏始起意购求。又探得张氏欲购之价，与德宝斋告我之数相差甚巨，我因此未即允售。在议价中张氏使德宝斋告我先取去数印赏玩，赵飞燕玉印即在其内。不久，张氏有赴意大利之举，事在南京决定，出于仓促，张氏北返，即行首途，临行前夕告德宝斋作罢，将取去多印交由德宝斋归还。

此时，我欠德宝斋之款已逾万元。张氏出国之次日，德宝斋即来告我，屡次通融之款均系张氏所出，张氏现已出国，留一副官在平守提。我束手无策，只好听其摆布，将玉印部分抵押给徐世襄。铜印部分由德宝斋出号伙友毛子恒经手抵押与冯公度。还清德宝斋借来之款。德宝斋说借款全为张氏所出，我实知其不然。债款中有所谓"藜照斋"一户，即刘廉泉个人的钱，藜照二字系刘姓典故，与张氏何涉。后来我在徐世襄家曾谈此事。玉印确系徐氏出款抵押。至于冯氏我未与冯家人面谈，或云全系毛子恒个人之款，或云冯毛合伙抵押，未知孰是。但毛子恒曾领冯氏东本在海王村开一古玩铺，或不无冯氏关系。

自此之后，我举借无门，在家乡所借之款无力付息，张学良议购未成，潍县人亦当有所闻，便有部分债权人提起诉讼。在几年中我全为诉讼所困，苦恼非可言喻。

宋哲元来平就任"冀察政委会委员长"，以秦德纯为"北平市长"，雷嗣尚为"社会局长"。秦为山东人，其幕僚中有数人为我旧识，询我经过情形，愿出力相助。我那时在社会局充股长管理宗教事务，雷嗣尚亦曾以万印为询。后商定由我申请雷氏设法，雷即据以转秦，秦备文呈宋，请宋收购。

宋当派王渡公、钱伯年、张修府三人，秦又加派柯燕舲、冯公悌二人会同查点鉴别。五人之外尚携有助手，因我寓所逼仄无法接待多人，乃在饭店开房间，由我通知德宝斋，每日取来古印若干方交由诸人鉴别，每印钤出二纸，预备呈给宋氏，诸人又各钤一纸自存，因此每日鉴别不多。后因饭店所费甚贵，改借中山公园房屋集合。此时，德宝斋诸人面目又一变，所有各项费用，均由德宝斋垫付。

上述派来鉴别诸人，王渡公曾在山东有年，与我四叔父相识。张修府为张香涛侄孙，南皮张氏与海丰吴氏福山王氏皆有姻谊。柯燕舲为我父亲老师柯凤孙先生之子，和我也可以说是总角之交。钱伯年、冯公悌虽系初晤，人皆正派。钱伯年又为寿石公之友，寿亦与我相识。此事钱伯年邀寿相助，实地工作皆为寿氏。分类鉴别之后，加封包裹，由诸人签名其上，加以封存。

在鉴别将近尾声之时，忽有张修府索贿之事。有一天，柯燕舲邀我至其家，出示一函乃张修府致柯者，内有"事已垂成，君善亦宜就范"等语。我闻后大怒，告柯即使无成，我不能行贿。

宋氏高级僚属中有杨镇南者，山东诸城人，或云万印收购与否即由杨氏决定，而我又因事忤杨。原因是我在社会局管理宗教事务，有人告我西郊模式口法海寺古柏甚多，住持僧某已求得政委会杨公允许砍伐变卖，但主管机关为市社会局，不能越过，不敢要求社会局批准，使社会局负此重责。但能根据该僧呈文向上级请示，即以重金为谢。我明知不允其请，万印事件将受到影响。终于不计利害，将僧人呈文批驳，并会同警察局（我记不清此时明确称呼）司姓科员前往将柏树查点编号登记（政府有寺庙登记条例）。

市长秦德纯和我族叔陈恩赓系拜盟兄弟，在前我在我族叔家中见过，但来作市长后，我未曾请谒。秘书长周履安亦系山东人，在市府虽常相见，我未曾至其私邸。与我最熟悉者只柯燕舲与曲建章二人，柯任参事，曲任科长，柯既以张修府之函示我，则有倾向张氏嫌疑。曲则非此道中人，虽为劝我申请主动人之一，其他则无能为力。秦氏我既不能面请，杨镇南又有上述过节，在宋氏前可以说无人为我进言促成。雷嗣尚尚具热心，曾数次问我进行如何？我只以近无消息答之。岁月荏苒，日寇相逼日亟，战事一触即发，我知宋氏亦必无暇及此。

我同乡老辈有关心我者，曾询宋氏。宋说："不算什么，我也可以找人刻一些。"如此，可见宋氏对万印的看法，万印究竟是何种物品，宋氏根本不了解。

在这时期，我的债务问题，也发展到了最高峰，在潍县方面，诉讼迭兴，曾因少数借款的债务，法院竟将我在家乡的住宅和动产给予假扣押。又允许债权人收去了我家公有的祭田三十亩。我弟弟是承继我二叔父的，也曾将他的财物替我还了一部分债。在北平方面，本来万余元的债，由"驴打滚"的方式成了四万元。德宝斋又要我翻写借据，将利作本。我说，等卖出万印再细算吧。由此未再更换借据。

在初抵押时曾口头约定，"无论至何时期不能押死，仍由我主持出卖，不能食言"。到了沦陷末期，有人告我毛子恒等想卖给日本商人。我恐怕果有此事，须为抵制之策，乃在敌伪双方所设的"人事谘商处"申请调解，防止违约出卖（人事谘商处原是调解华人与日侨之间纠纷的，后来华人间纠纷也接受处理）。调解时，毛子恒要求再过一年不赎，即由债权人出卖。我当然不应允，遂无结果。但是口头约定因此公开，倘若毛子恒果真要卖给日本人，我提出反对时有了旁证。且使日本商人得知尚有问题。

新中国成立后，领导同志即关心此事，曾通过我五叔父（陈秉忱）问我，我写了一节略说明。不久，又由文化部贺培新同志来与我面谈，我告诉了备细。我说：若在我手中，当然捐献给国家没有问题。但是因债务作抵不在我手，我希望政府能设法收回，将来为国家所有，不枉我高祖之收集，我祖我父之保存。过后听说已由文化部代为赎出，归入故宫博物院。

再者，此部古印除失窃数方，尚有数方铜印抵押在周季木手中，未曾取赎。周季木在沦陷期间故去。

1960 年，我在故宫博物院做临时工作，曾经查点故宫所存全部古印，知"十二字金玺"尚未收回。同时有一位同志持一玉印云，万印楼藏印又出现一方，索价八百元。我记是"祭睢"玉印，即陶北溟手中者。不数日我因跌伤骨折入医院治疗，至今行走不便，不能出门，不知此印已归故宫否？

我是庸碌无能的人，对于此事经过，处理上步步错误。我受旧社会毒素很深，不能打破旧习，治病必延名医，丧葬不敢从俭。倘若没有万印，我也不至负债，即欲举债，恐亦无人肯借。一生痛苦，全由万印造成。并曾向敌伪机关请求援助，真是奇耻大辱的罪恶行为。可知存有古物并非幸福。吴仲饴先生曾赋一诗，有"尤物从来不福人"之句，可说是看透世情的话。现在我认识古物全应为国家所有，即使需要研究，也不应自存。写出此篇，便知我家藏印始末真相，也可见旧社会之一斑，新社会再不会有此种事。并且我希望存有古物的同志早日捐献给国家。

（本文为陈继揆所荐陈君善之遗稿。发表于《潍城文史资料》第 16 辑〈2000 年印发〉，陈君善是著名金石家陈介祺五世孙。子陈继揆，天津师范大学教授，已离休。）

国宝重器毛公鼎

邓　华

　　石破天惊，在我国最后一个封建王朝即将崩溃的后期，出土了一件西周时期的青铜大鼎——毛公鼎。这件青铜鼎相传是道光末年，在周王朝的发祥地——陕西岐山县周原出土的，后来被西安永和斋古董商人苏亿年购得。

　　毛公鼎连耳通高 53.8 厘米，口径 47.9 厘米，腹围 145 厘米；形制为立耳、深腹、圜底、蹄足，造型洗练，纹饰简洁，口沿下有一道环纹，并加一道弦纹，朴素端庄，典雅古拙，凝重浑厚，重约 35 公斤。腹内铭文 32 行，497 字，字体清秀圆润，线条圆厚，笔画丰腴，在金石书法中独为楷模，也是有史以来我国发现的各类青铜器中铭文最长的国宝重器。

　　研究历史和文物的人都懂得，青铜器上的铭文文字越多，越有研究价值。这些铸于钟鼎之上的高古文字，是唯一直接记叙史实的，是揭开被岁月尘封数千年秘密的最好记录，也是佐证史书的最好信物。另外，它的工艺价值、书法价值、文化价值也是不言而喻的。

　　我国周朝，是以青铜器铸造闻名于世的。铜矿的开采、运输、冶炼、铸造以及工艺设计、铭文书法带动了整个周朝社会文明的发展，同时也促进周朝经济和军事日益强大。但自古以来，"君子之泽，五世而斩"，王位传到周厉王一代，由于厉王暴虐骄侈，已惹得四方诸侯各自为政，不愿侍奉朝廷，人民群众也怨声载道。厉王非但不施仁政笼络民心，反而动用内卫和巫士做特务，监视诸侯和民众，用告密和暗杀等卑鄙手段控制局势，国人虽不敢言语，但早已民怨鼎沸、众叛亲离。厉王逃到彘，后来死于此。周宣王姬静继位后，面对的就是王室败落的残局。后来，他在相国的辅助下，效法文武之道，励精图治。并派出精兵强将征伐异族外患，任命秦仲征伐西戎，尹吉甫征伐猃狁，方叔征伐荆蛮，召虎平定淮夷，四方捷报频传，国威大振。从此，天下太平，周道复兴，各国诸侯又纷纷投靠在周室的治理下。因而，宣王成为西周的中兴之主，在位长达46年，重新恢复了周室的权威与尊严。

当时，宣王的叔父毛公厝就是那位辅佐周室、重整天下的大相国。他不负重托，执掌国是，燮理阴阳，为周室中兴主宰沉浮，立下不可磨灭的功劳，深得宣王信赖。

在没有碑刻，也没有纸张可以记事的时代，重大事件都是铸造在青铜器物上作为铭记，昭示后人，以铭千秋的。这也是华夏文明智慧的体现。毛公厝得到天子任命他为执政大臣的敕令，自然奉若神明，于周宣王元年，铸造大鼎以作铭文。他命工匠将铭文翻模铸在大鼎内壁，使铭文向上便于阅读。并将巨鼎供奉在庙堂之上，用以警示众人、鞭策自己。也用以记载王命、显示自己的权威，并借此感恩戴德，子孙永宝。

毛公厝在铭文中首先追述先祖周文王和周武王受命于天，创建周朝的功绩。进而叙述当时局势"大纵不静"的可忧可虑，表达宣王在艰难形势下的沉重心情。用较大的篇幅记叙宣王任命毛公负责治理国家政事，企望他发挥才智，大胆献计策。要他直言忠谏，以先王的大恩大德，告诫今王，发扬天命。授予毛公宣示王命的专权，包括任职令、赏赐令、政令、军令等，均须毛公认可，方能生效。从而充分说明毛公在周室中兴时期的地位和作用，并佐证了这段重大史实。该鼎又名厝鼎，从它的历史价值来看，是当之无愧的国宝重器。铸造年代是公元前827年，也就是周宣王元年。但是，毛公鼎出土后，上面的篆体文字多年未能被人们辨识，它的历史价值也就难以确定。

清咸丰二年（1852年），苏亿年、苏万年兄弟二人偷偷将这件国宝重器运到北京，希望找到一个大买主。琉璃厂德宝斋创始人刘振卿眼力过人，并与许多清政府官员、金石学家交往颇深，经他和博古斋祝锡之鉴定后，一致推荐给翰林院编修陈介祺。陈氏见到此鼎后，爱不释手，出价千两纹银（相当于自己三年的薪金）买下这件国宝，带回潍县原籍，收藏研究多年，秘不示人。

买下毛公鼎后，陈介祺为何亲自押运回原籍收藏，秘不示人呢？这是由于清代法律规定：凡秦汉以上文物，均由宫中收储，臣民不得私藏。由于清代末期政治腐败，吏治无能，此类律条逐渐失效。但臣民们还是谨慎避嫌，免生祸端。后来他目睹清廷丧权辱国，不满官场黑暗腐败，于咸丰四年（1854年），借为母亲办理丧事返回故乡，再不复仕，潜心治学，成为清代著名金石学家、文物收藏家、古文字学家、书法家。

陈介祺精心将毛公鼎的铭文拓印下来，多年悉心研究，凭自己深厚的史学功底和金文辨识能力，初步作出了释文。后来，他又将拓片分两份赠送给亲家、苏州知府吴式芬和金石家徐同柏，邀请他们共同研究，反复论证，透彻地解释铭文疑难之处。1872年，当陈介祺步入花甲之前，五易其稿，重新作出完整释文，将《毛公鼎考释》定稿。通过对毛公鼎的艰难考释，为我国西周史、冶金史、文字史的研究，提供了准确依据，也确定了毛公鼎的历史文化价值。同治年间，陈介祺将毛公鼎铭文拓片及释文公布于世，引起朝野轰动，深受文人学士重视与推崇。

1884年，陈介祺病故后，他的次子陈厚滋分得这份珍贵遗产，后来又传给其孙陈陔，毛公鼎在陈家三代收藏53年之久。后来，两江总督端方酷爱收藏金石，对毛公鼎垂涎欲滴，他假借为光绪皇帝庆贺三十五岁寿辰献礼的名义，软硬兼施，于1905年出纹银万两从陈陔手里买走毛公鼎。六年后，端方任川汉、粤汉铁路督办大臣时，在四川资州被起义新军士兵杀死，其妾将毛公鼎质押给天津华俄道胜银行。毛公鼎在端方家中收藏到1926年，约20年的时间。

20世纪20年代初期，日本山中商会、英国人辛甫、美国人福开森都曾觊觎这件我国的国宝重器，他们相继打听毛公鼎下落，并欲出高价收购。当时的交通银行总经理、交通总长叶恭绰闻讯后，连借带凑，用3万元大洋从俄国银行赎回这件国宝，并收藏到抗日战争爆发之前。上海沦陷后，叶恭绰匆忙逃往香港避难，来不及携带这件巨鼎，将鼎留在上海法租界劳里育路卫乐园3号其宅邸中。由于日本宪兵追查这件宝器，叶恭绰急电告当时在西南联合大学任教的侄子叶公超，让他不惜任何代价保住毛公鼎。1941年叶公超到上海后被日本宪兵逮捕，同年夏季，其兄为他保释出狱，并将宝鼎带到香港交给叶恭绰。但年底香港被日军攻陷，叶恭绰被日军软禁起来，生活困难，后几经周折，被一位大奸商出资300两黄金将宝鼎购去。

抗日战争胜利后，宝鼎被"上海敌伪物资管理委员会"查收，国民政府教育部部长徐伯璞闻讯，以教育部名义三次呈文给行政院，要求将宝鼎拨交给国家博物院收藏。经过几番努力，终于将宝鼎带往南京，于1946年8月1日，将宝鼎交给中央博物院院长曾昭燏。后运往台湾，现保存在台北故宫博物院，成为镇院之宝。

　　一个半世纪过去了，世界经历了天翻地覆的巨变。毛公鼎从出土以来，经磨历劫，阅尽世间沧桑，所幸始终没有流往国外。这是不幸中之万幸。除了首藏毛公鼎的金石巨匠陈介祺撰写的《毛公鼎考释》外，国学大师王国维也写过《毛公鼎铭考》，著名历史学家、文学家郭沫若也写出《毛公鼎之年代》等论著。这件国宝重器，体现着我国古代政治家问鼎天下、重整山河的雄才大略和抱负。

毛公鼎旧事

陈继揆

前　　言

　　毛公鼎是国宝之一，出土之后，即为世瞩目。首见此鼎铭文之学者，即认为文类尚书"文侯之命"，堪称"周诰遗文"。按"文侯之命"不过200余字。此鼎铭文近500字，较前者倍而又半。收藏此鼎的陈介祺，字寿卿，又字酉生，号伯潜，后又以簠斋为号。毛公鼎现经几代人研究，宝物之光，愈照耀人间。

　　出人意外，20世纪80年代初，见到台北故宫博物院学者张光远先生所著《西周重器毛公鼎》一书，捧读之后，不胜讶异。书之副题为"驳论澳洲巴纳博士之诬伪之说"。序言中说："八年前，有澳洲研究铜器的学者巴纳博士，曾对本院珍藏的西周重器毛公鼎，发生很大怀疑，于是根据张之洞、卫聚贤两位荒诞无稽的谬说，和巴纳所自采取的'科学'治学方法，大肆撰文攻讦毛公鼎的瑕疵，诬蔑它是第一位收藏家——陈介祺所伪造。西周之世，根本没有这样一件器物。……于是，近年来，毛公鼎的真伪问题，竟然掀起世界性的怀疑风波。西方的欧美同道学者颇受蛊惑。无形中对这铸有五百字铭文的毛公鼎失去信赖，真是学术界非常遗憾的事。"

　　前年，又读到《大陆杂志》上刊载的万家保先生的文章《毛公鼎的铸造及相关问题》。该文对毛公鼎加以铸造学的专门考校，方知此案尚未完解。但真金不怕火炼，毛公鼎在当年铸造时，确有技术上的缺陷，不但存有气泡裂痕，且范型亦有误笔，陈氏当年何尝不知。

　　去年又读到乡长者刘阶平先生的《陈簠斋先生与毛公鼎》一文，深感这番争论涉东方文化与西方文化的差异。还听到海外的奇谈怪论，说潍县陈氏所藏是真品，现存台北故宫博物院的毛公鼎非陈氏故物。其实此宝之流传清楚明白，我的卧室张有毛公鼎照片3幅，即为明证。其一为孔德成院长所赠，是张瑄先生的翻拍照；一为鼎在纽约展览时的彩色照片；另一则为毛公鼎在陈家时的留影。潍县留影历经百余年，虽稍褪色，铭文锈花尚清晰可见。

　　我是陈介祺的六世嫡长孙，对毛公鼎的出土年代、地点、收藏出售经过略知一些。故援笔草成此文，名曰"旧事"，不涉及鼎铭文字及时代，但言鼎在陈家一节，后事不及。

毛公鼎的出土年代

　　前人讲到毛公鼎，一般都说它出土于道光末年，没有提到确切的时间。张光远先生在《西周重器毛公鼎》一书中，根据清代金石学家《徐籀庄年谱》，考定为清道光二十三年（1843年）出土。鲍康在自撰《观古阁续丛稿》中，亦有论毛公鼎一文，略曰："咸丰壬子（二年，1852年），苏亿年载入都时，陈寿卿以重资购藏，秘不示人。"陈介祺在毛公鼎出土十年后购藏，从咸丰二年上推十年，为道光二十三年。

　　簠斋在《簠斋藏古册目题记》中有云："余得是器于关中苏兆年三十年矣"。按《题记》写作时间为"同治癸酉（十二年，

1873 年）七月三十日丙子。"上推三十年，毛公鼎出土的年代正是道光二十三年（1843 年）。

以上三例均证实毛公鼎出土于道光二十三年。至于《续修陕西通志稿》、《陕西金石志》所述："是鼎咸丰八年出土，由烂铜铺在乡间收买，运省备熔化，为苏亿年瞥见，以市钱六十千购得之，运京出售，稀世之宝，乃得流传"云云，只是据传说所记，不足信。

毛公鼎的出土地点

毛公鼎出于陕西省岐山县。簠斋于咸丰二年，所作释文后记有云，鼎"出关中岐山县"。

文中所记的关中岐山，即周原。为了调查毛公鼎的确切出土地点，1983 年 5 月我到周原所在的扶风、岐山进行考察。当地的文物考古工作者给我介绍了不少当地青铜器的出土情况。自汉至今，周原地区出土了几千件青铜器，有"青铜器故乡"之称，毛公鼎出于此十分可信。有位搞考古的同志告诉我，毛公鼎出在今日的扶风县庄白村。他听当地的老古董商说过："有件大器，上面有好几百字，出在庄白壕里。"我推测"这件大器"可能就是毛公鼎。

1975 年在岐山又出土了窖藏青铜器 37 件，其中 34 件有铭文。有铭文青铜器中有两件与毛公鼎有关。其中一件青铜器铭文中出现了"毛叔"的名字，从字体、器形和纹饰上判断，当为宣王时器，与毛公鼎同一时代。另一件"善夫旅伯鼎"，铭文中又出现了"毛仲姬"的名字。毛公、毛叔、毛仲姬均应是毛氏家族成员。由此推断，毛姓在当时是一个大家族，毛氏封地可能就在这些有毛氏姓名的青铜器出土地董家、礼村一带，这也为毛公鼎出土岐山提供了佐证。我的周原访古调查，证实了陈介祺所记毛公鼎"出关中岐山县"之说。

毛公鼎的收藏

毛公鼎出土 10 年方归陈氏，其故安在？这一问题，常被友人询及。分析其原因如下：道光初年，西安开了一所名叫"永和斋"的古董铺，店铺老板为古董商人苏六（名兆年）、苏七（名亿年）兄弟俩（上述情况据我收藏的同治十二年寄款永和斋的信局收据及二兄弟给陈介祺的来信）。苏氏兄弟卖古董只顾赚钱。毛公鼎出土后，为苏氏所得，在他一生经营中，该鼎属至重之品，自然是"奇货可居"、"待价而沽"。铜器买卖不单就质论价，且是数字算钱的。当年，一字已售至数金乃至数十金。苏氏兄弟招揽的主顾也不是簠斋一人。当时京城中能出高价的人不少，簠斋先已收购了"聃敦"，故当时尚无力以酬苏氏之奢望。

陈介祺议买毛公鼎时，老父当家，伟堂老人对独子的爱好是赞许的。但作为当朝耆老，又是多所忌讳。道光二十九年七月，伟堂老人病殁。次年，又有祖母夏太夫人之丧。簠斋连遭两辈老人之丧事，扶灵回乡，修墓安葬，哀泣之中，安有他顾。咸丰元年回京，始能当家作主，旧话重提，与西安苏兆年再议毛公鼎事。咸丰二年（1852 年），由苏亿年携鼎入京，始入簠斋之室。

毛公鼎的考释

簠斋是为毛公鼎铭文作考释的第一家，写于咸丰二年（1852

年），是得鼎那年写的。末署"咸丰二年壬子五月十一日，宝簠居士陈介祺审释并记"。印本世间稍有流传。或以为此文非簠斋亲笔，实则正是先生中年之楷书。世人习见其晚年之以篆写隶体，误以为他人代笔。簠斋自称"宝簠居士"，两印均当时所用者。

第一稿毛公鼎释文和后记，原装裱为一条幅。条幅分三部分，上段为鼎铭，是四块拓，中段为释文和后记，下段为器形，一足在前，两足在后，是陈氏拓毛公鼎图的特点。释文二十五行后，脱17字（今依辛未重订本补录）。原条幅旧存京寓，缘由友好索毛公鼎拓者众，而家中所存无几，且为传先人遗泽，家父君善乃取而石印一百份。因条幅长，无完纸可用，适家中所存簠斋在世所用拓片之"汪六吉棉连"纸尚多，便采取了三段印法，这是30年代初的事。

为毛公鼎作考释的第二家，是嘉兴徐同柏（籀庄）。籀庄居嘉兴，簠斋慕其名，曾通函请益。咸丰二年，簠斋得毛公鼎后，即赠徐氏初拓一份，请其考释。徐氏考释定稿于咸丰四年（1854年）五月，徐氏将近4000言的释文寄陈氏，并收入《从古堂款识学》中。此书底本曾为吴大澂访得，现藏上海博物馆。

为毛公鼎作考释的第三家是日照许瀚（印林）。考释亦作于咸丰四年（1854年）。许氏是簠斋同年好友，为山左学者中继承高邮二王，精通文字音韵之名家。

簠斋去世后，金石考释手稿，均由长房子孙保存，分器包装。毛公鼎释文有第二、第三、第四、第五4篇手稿，其中有的用墨笔、朱笔、绿笔屡加增益，足见求古文字甚非易事。1962年底，育丞三叔祖与家父商量，将全部手稿捐献文化部。最后一稿为定本，写成于同治十年（1871年）七月廿五日，簠斋时年

59 岁。其中参取籀庄先生较多，引印林先生说较少，簠斋考释均在文中。

　　陈、徐、许三家考释为初创，陈氏定本且有"俟博闻君子"之语。对此脍炙人口之毛公鼎，其后古文字学家、古器物学论者多矣，后来居上，文字已可通释，制作年代又有新订，国内学者早有共识。

毛公鼎的受诬

　　对毛公鼎的诬蔑，非自今日始。

　　张之洞所著《广雅堂论金石札》中云："昨见陈氏收毛公鼎拓本，乃伪物也。何以言之，文字伪舛一，词意凡杂二，通篇空泛三。……洋洋五百言，无一事一地一人，皆套语耳。古无此文体，此梅、阎诸君所以斥伪古文尚书者也，是空泛也。陈氏以千金买赝鼎，不亦慎乎。"

　　张氏的论议，在当时京都中不太大的范围内，是有所传闻的。簠斋僻居海滨，听说之后，借一机会在写给鲍康信中作了答复："闻成见或有偏处者，只是考古人之字而未深求古人作篆之法，多见而深求之，真与伪自可信于心矣。文人才人香涛（即张之洞之字）足以当之。古文字一篇中之气，一字中之气，一画中之气，岂今人所能伪哉。"

　　鲍康致潘伯寅的信对毛公鼎真伪说得很明白，"秦中铜器时时出土，大率无字。自燕翁（即指刘喜海燕庭）宦秦，苏、张辈（指苏兆年、张二铭等）始知以字为贵。遂并寸许铜造像往往于背上补镌年月，是古佛亦几无完肤矣。惟鼎彝之属，伪刻者字必多，其数字及十数字者，尚半系原物。若盂鼎、毛公鼎，当日在秦，曾经目击，实非苏张辈所伪刻。簠斋云：'古器文字，一行有一行之气，一字有一字之气，气安能伪乎'。张香涛学力过人，具有辨才，未免扬九天而抑九渊耳。"

现代学者王献唐先生所著《五镫精舍印话》中一节，题名《簠斋精鉴》者，也是谈论这段毛公鼎公案的。录之于下："陈氏十钟山房印举，所收诸印，虽未见原物，但以印文证之，无一伪刻，即所收铜器石刻砖瓦皆然。此老精鉴，当时潘王二吴诸公，皆出其下。心细如发，眼光如炬。友人商锡永近著金文伪器之研究，盛推簠老，可谓知音。盖非深于此道者，不知其精也。"

商锡永承祚先生《古代彝器伪字之研究》首节："提起笔来写这篇文章之先，我就想到一位老先生，是我生平最佩服的，恐怕不仅是我，凡是研究古文字的人都是一致的。何以呢？因为他的眼光太好了。他一生收藏的铜器等，不下几千件，没有一件是假的。他的论调和批评，不但高出当时同辈一等，简直可以说'前无古人，后无来者'。这人是谁，就是山东潍县陈介祺字寿卿号簠斋他老先生。"

张之洞之荒诞，只说到毛公鼎是伪制，陈氏千金买赝鼎，不亦慎乎。现代则出了个卫聚贤，著书立说，直指陈介祺在潍县豢养了一批造伪者，伪造出一个毛公鼎来。卫聚贤在《中国考古学史》一书中，将陈氏豢养的造伪者列了一名单，多属潍县人。不知何故，竟将何昆玉（伯瑜）兄弟也包括在内。何伯瑜是一个有文化的广东古董商人，于同治十一年来潍（其弟则与簠斋从不相识），将番禺潘氏"看篆楼"旧藏古印，及叶东卿之粤署烬余古印二千余方，售于簠斋。他带着徒弟一人住在陈家，帮助簠斋打印壬申本《十钟山房印举》。何氏有文化，鉴定亦精，居陈家为传古助手，受客人之礼遇，何尝有作伪本领。至于王石经（西泉），以武秀才入泮，是簠斋归里后之文事友，受簠斋影响，精鉴定，善拓墨，访求古物古印，簠斋多得其助。西泉长篆刻，从秦汉入手，自成一家，代有传人。西泉确能铸印，印文仿汉，铸印亦得汉法。他只为友人刻铸名号印，并无造伪欺世事，有《甄古斋印谱》。传闻中有关"潍县造"的一些人和事，多半是民国以后的事，簠斋在世时，只知有一人能仿诸城刘氏秦铜诏版。此人姓刘，簠斋称他为"刘小鬼"者，因其人甚诡，不敢进陈家门也。

毛公鼎的秘藏

簠斋之几种《藏古册目之题记》，只在一种中写过"大鼎"二字，一纸空白。簠斋曾孙礼丞影印《簠斋藏古目》时，不得不补上"圆鼎、毛公厝鼎"一行。

簠斋得鼎20多年，老友吴云平斋函询此事称："从前翁叔（按：指大年）均示我毛公鼎拓本，云此鼎在尊处。今查寄示收藏目录无此器，究竟世间有此鼎否，窃愿悉其踪迹，祈示知。"簠斋遮而不答。后之知己吴大澂婉言表示："闻此鼎在贵斋，如是事实，请贻我一拓本。"簠斋将所有器拓，无不奉赠吴氏，惟对此请，缄默不言。

育丞叔祖著文《簠斋轶事》，只写道：毛公鼎"归簠斋后，深有'怀璧'之惧，秘不示人。"此说使人明白，在旧社会，权贵依势，强取豪夺，有此瑰宝会招致身家性命之祸。

对毛公鼎秘藏的缘故，张光远先生是从陈介祺之父官俊的仕宦经历谈起。陈官俊字伟堂，嘉庆十三年进士，以名翰林入直上书房，后为上书房总师傅。是道光的老师，又授皇长子读，受到道光的信任和尊重，历任工、兵、礼、吏四部尚书，累官协办大学士。如此重臣在宦途上，亦非一帆风顺，其间迭受满人权贵之猜忌构陷。簠斋自幼随父在京读书，深知吏治之腐败。秘藏毛公鼎是有其政治上原因。就是如此谨慎，伟堂病殁后，在咸丰三年，也就是簠斋得鼎的次年，还是突遭大故。情况大致是：户部因库储告竭，以春季不能放俸为由，副都御史文瑞奏命前朝老臣捐助巨款。指名十八家，陈官俊等五相国皆在其列。伟堂已殁，簠斋以子弟应召。惠亲王、恭亲王和蒙古僧格林沁，手捧硃谕，强令十八家认捐。结果，或万两或几千两，均被认可。惟僧格林沁强迫勒索簠斋至四万两而止。事后，簠斋各处奔走，多方筹措，一月之内，如数缴上，方才保全了身家性命。

次年，簠斋便携眷并全部古器物返归潍县，初居乡下来毕庄，盖房后才搬到这里。文物深锁十余年，直到同治十年因连遭夫人和长子之丧，无以自遣，始重理古器物、古文字之学。

毛公鼎的出售

光绪十年（1884年），簠斋病故，古器析分为三。长孙阜分得万印、古陶等，次子厚滋分得毛公鼎等，幼子分得十一钟等。鼎移南门里二房后，能觐毛公鼎者亦不多。

簠斋归里后，为其子孙立下三条规矩：一不许做官，二不许经商，三不许念佛信教。指望后辈安分守己做学问。

毛公鼎的出售，是陈厚滋次子（名陉，字孝笙）所为。孝笙违背祖训，开设了一个钱庄，一个药铺，并想以经商振兴家业。该鼎于宣统二年（1910年）以万两银子卖给了端方，经手人是同邑同姓陈子久（恒庆）之子陈芙珩。子久当年在京任巡城御史，与端方过从甚密。端方此人对文物所知本不多，但有钱有势，附庸风雅，萌生了做大收藏家的念头，且不择手段地广收文物。子久乃嘱其子芙珩出面与孝笙交涉转让毛公鼎事，除付万两银子外，还以让孝笙任一年湖北省银元局之职为诱饵。孝笙财迷心窍，以为任一年银元局，可发大财，不顾家人劝阻，毅然出让了毛公鼎。鼎出手后，官未到手，孝笙才知受骗，后悔不及，一病不起。

　　鼎售出后，吴式芬次子、簠斋之婿吴重憙（仲饴）曾有诗云："病史当年卧海滨（按簠斋晚号海滨病史），十钟万印尚纷陈。楚人轻问周家鼎，尤物从来不福人。"

毛公鼎传流民间九十五年

陈重远

毛公鼎乃传世青铜器国宝文物。国之重器却在民间传流 95 年，处在半封建半殖民地的旧时代，未被列强掠走，亦未让外商买去，现收藏在台北故宫博物院，实属万幸。在这 95 年中，毛公鼎和北京琉璃厂古董商有关的故事在不断流传，作者年轻时便听说过。现整理成文，供读者参考。

德宝斋鉴定做中介

咸丰二年（公元 1852 年），陕西古玩客商苏亿年将毛公鼎由陕西运来北京琉璃厂，据说是道光末年出土于陕西岐山周原。德宝斋刘振卿和博古斋祝锡之先见到的。他们见这么大这么重的鼎很惊奇。传说这个鼎的腹围一个人将能搂过来，重约 35 公斤。下有三个兽蹄形的足，口沿上竖形制高大的双耳。腹上部有纹饰环纹带一周，其他部位无花纹。造型规整端庄，装饰简洁而古朴。

刘振卿是懂金石学的古董商，祝锡之被推崇为咸丰、同治年间鉴赏文物第一人。他们见毛公鼎腹内铸有很多铭文，共是 32 行，499 个字（今有文记载为 497 个字），这引起他们极大的兴趣。

经他们鉴定认为是西周初期成王时铸的鼎，国家重器，不可惊动朝野，要保守机密。但非朝廷官员，没人能收藏这样大的国宝，不懂金石学没有考据癖的官员也不会出钱收买。既要卖给士大夫，又要认准买主，不可随意宣扬招来众多顾客，所以只能秘密交易。

咸丰年间，翰林院有两位编修同琉璃厂古玩界交往多并致力于研究金石文字。一位是何绍基，他给集古斋写过匾，是博古斋的好主顾；一位是陈介祺，买秦汉印章出名，是德宝斋的好顾客。何绍基此时在四川任学政，很少来京；陈介祺正在京翰林院任编修。德宝斋刘振卿是山西人，陈介祺是山东人，两人关系不错，刘向陈请教金石文字，深知陈对金石学研究颇深，京师最负盛名的金石学家。故而，把苏亿年引荐给陈介祺，送去毛公鼎请他鉴赏。

陈介祺收藏 53 年

陈介祺见鼎内铭文如此之多，惊喜异常，用三年俸银收购。他自己动手拓印全文，细心研究、识别、审定。经数月考证，认定鼎内铭文是一部完整的西周时代的"册命"，乃周成王册命之词。他据《史记·周本纪》上记载："毛叔郑奉明水"之章句与其他资料，考证认为毛公厝即毛叔郑，叔郑为名，厝为字。毛公者周武王之弟也。因此，他命名该鼎为毛公鼎或毛公厝鼎。

现在北京有关毛公鼎的文章，都说"毛公鼎是西周晚期宣王时的一件重器"。又有人说"毛公鼎为公元前 827 年，西周宣王姬静的叔父毛公厝所铸造。"同作者年轻时听说的年代不一样。考证出自何经何典，作者不详矣。

以前讲毛公鼎 499 个字的铭文，文辞典雅，笔法端严，气势宏伟，结体庄重，乃金文书法之典范。今日古兵先生释铭文内容为："首先追述周初文、武二王开国时，君臣相得的清平盛世，接着，以怆怀时艰的语言，指出国家的形势并不宁靖，进而宣布册命毛公以治理邦国内外，及周天子家室内外的重任，并授予毛公以宣示王命的专权。特别申明未经毛公同意的王命，毛公可预告臣民不予执行；继而告诫、勉励毛公不要怠惰，不要壅塞民意，不要鱼肉鳏寡，要忠心辅佐王室；最后为确立毛公的权威，重赏毛公以仪仗、车马、兵器等器物。毛公对此感恩戴德，铸鼎以纪，还要子子孙孙永远宝之。"

陈介祺得此宝鼎，也要子孙永远珍藏。他雇架马车亲自护送毛公鼎至他的原籍山东潍县，筑"万印楼"将之收藏起来，秘不示人。

到了同治年间，陈介祺才将毛公鼎铭文拓本公之于众，同一些金石学家共同研究。那时的金石文字学者认为，毛公鼎内之铭文，字体清秀圆润，笔道丰腴，线条圆厚，乃西周时代遗留下的书法楷模。有人说："习书法、镌刻，未临摹毛公鼎者，即使登堂，尚未入室。"

自毛公鼎铭文拓本问世，历来被我国文人学者所重视和推崇，而陈介祺也因收藏毛公鼎，研究金石文字而著称于世。

秦汉印章上的文字有各种字体，如鸟篆籀、金文小篆、大篆、隶书，无不具备。陈介祺搜集汉印六千余方，他自己号称万印，筑起"万印楼"。人们从六千余方汉印上，可见到我国古代镌刻文字之精妙，也能看出我国文字体式之演进。陈介祺研究汉印和毛公鼎，他的金石学著述有：《簠斋印集》、《集古录》、《十钟山房印举》、《吉金文释》等书。后人将他同朋友讨论古玩文物之书信汇集成《陈簠斋尺牍》，又集其所收藏金石拓本为《簠斋吉金录》。后人还据其拓墨经验著为《传古别录》。

毛公鼎在陈介祺去世 21 年后（1905 年），被端方从他的后人手中强行买走。

1852 年至 1905 年，毛公鼎在陈介祺家收藏 53 年。

端方强买毛公鼎

端方是怎样强买毛公鼎的？这也同琉璃厂古董商有关，说起来话长了，仅从他买散氏盘铭文拓本说起。

做过两江总督的端方研究金石学，搜集青铜器，同琉璃厂式古斋经理孙秋驭结为"金兰"。他知道自乾隆以来，陕西、河南出土的商周青铜器中，以毛公鼎、盂鼎、散氏盘和虢季子白盘上的铭文字数最多。而他未见实物，手里只有毛公鼎和盂鼎的铭文拓本，想搜集到散氏盘和虢季子白盘的铭文拓本，于是请孙秋驭给他去买，孙秋驭向他介绍：

乾隆年间出土的散氏盘，被嘉庆年间任两江总督的阿林保得到。嘉庆十三年时，颙琰五十大寿，阿林保将散氏盘献给皇上作寿礼。光绪初年，自内务府传出。散氏盘毁于咸丰十年火烧圆明园的大火中（此说为误传，后在民国十三年溥仪派人核查清宫文物时，在养心殿发现散氏盘。之后由北京故宫博物院收藏。50 年代传说散氏盘转到台北）。

虢季子白盘是道光年间出土，在咸丰年间战乱中，被李鸿章手下的人得到，运回合肥老家建石室藏之，秘不示人。

孙秋驭还介绍当时翰林院的学者们对两盘铭文的评论：散氏铭文字迹和毛公鼎的铭文字迹不同，是商周铭文中两种不同风格之作，虢季子白盘上的铭文是四字韵文。

端方认为，从嘉庆以来，在士大夫文人的圈子里，以虢季子白盘和散氏盘上的铭文集联书对成了高雅之风尚，所以要求孙秋驭给他淘换到两盘铭文拓本。

孙秋驭说："听说光绪爷的师傅翁同龢老夫子想得到虢季子白盘铭文拓本，都难得一见。请容我点时间，我尽力去办！"

光绪二十六年后，孙秋驭从江南扬州一位引退官员手中得到散氏盘铭文拓本。全文应 19 行每行 19 个字，共 361 个字，可是最后一行中有四个字不清楚。白纸拓本，原形装裱。孙秋驭将拓本送给端方，端方十分高兴，便赏给他三百两纹银，以资酬劳。

这件事轰动了琉璃厂的古董商，而留下多年传说。传说中更为奇妙的是，端方听了孙秋驭讲阿林保向嘉庆皇帝献散氏盘的故事，有了强买毛公鼎的办法。

光绪三十一年，端方出国考察宪政回国后，出任两江总督。此时，他派人去山东潍县，找到陈介祺的后人说："嘉庆十三年，两江总督阿林保祝贺嘉庆爷五十大寿献上散氏盘。今年皇上的 35 岁寿辰快到了，两江总督端方要向万岁爷献上毛公鼎。听说毛公鼎在你家收藏，端方大人愿出二万两银子收买，献给皇上。三天内回话，不得拖误！"

陈介祺的后人在万不得已的情况下，将宝鼎让给了端方。端方没有将鼎献给光绪，而是自己珍藏秘不示人。他收藏毛公鼎六年，1911 年被起义新军士兵处死在四川资中。而后，毛公鼎在端方的子女手中收藏到 1926 年，其间有段时期毛公鼎抵押在天津道胜银行。

叶恭绰护宝有功

端方死后，孙秋驭在变卖端方收藏的青铜器中发了大财。据北京古玩商会第一任会长赵佩斋和他的徒弟们讲，孙秋驷在毛公鼎问题上做了好事，事情是这样的：

端方的后人曾想将毛公鼎作为嫁妆陪送出去，不料男方不接受这样大的陪送物，之后才抵押在天津俄国人开的道胜银行。

民国十年前后，日本山中商会和英国人辛甫深都想从俄国银行赎出毛公鼎。毛公鼎的价格大涨，俄国人不同意按抵押款数加利息的钱数赎出毛公鼎，端方的后人也没同意由中山商会或英国人辛甫深去赎，这事也就作罢。美国人福开森曾找到孙秋驷询问毛公鼎的下落，孙秋驷没露实底，将这些情况向叶恭绰（颜惠庆内阁的交通总长、当过交通银行的经理）说明白了，请叶总长出钱赎回收藏。

抵押款是两万元，俄国人跟叶恭绰要了三万元，叶总长东借西凑，花三万元赎回毛公鼎，受到文化界和京、津、沪古玩界人士称赞，都说他保护国宝有功。

自 1926 年到 1937 年，毛公鼎在叶恭绰手中。抗战八年中，关于毛公鼎的传说多矣。一曰：上海沦陷后，叶恭绰避乱香港，毛公鼎来不及转移，留在上海法租界劳里育路卫乐园 3 号叶之原住宅。叶妾潘氏欲侵吞毛公鼎及叶氏在上海之家产。叶恭绰闻讯电告其侄叶公超（后任国民政府外交部长）去上海处理。叶公超于 1941 年在上海被日本宪兵队逮捕，同年夏季，由其兄作保释放，毛公鼎安然无恙。

二曰：抗战事起，鼎移香港。后因日寇进攻香港，鼎在战争中失落，被运到上海，为商人陈克勤所得，旋为陈泳仁出巨资购得。抗战胜利，陈氏以一代重器，献之于政府。

三曰：平、津、沪之古玩商只知毛公鼎在叶恭绰手里，曾在天津、上海收藏，没听说运往香港。北平大古董商岳彬，上海的叶叔董都想得到毛公鼎，可是，他们连看都没看到。抗战期间毛公鼎收藏在何处，北平古董商未闻其详，一直认为是在叶恭绰手中。

徐伯璞忆国宝归国有

1947 年，北平古玩界才知道毛公鼎已收归南京政府，收藏在中央博物院了。说到怎样收归国有的，其说也不一，有的说是上海市商会献上去的；有的讲是从汉奸那里查出来的；还有人说上海有位陈麻皮（麻脸古董商），将宝鼎交给政府的。

这件事是多年未解之谜。1993 年 11 月 20 日上海《文汇读书周报》有篇徐伯璞《毛公鼎归国有亲历记》的文章，基本上解开了这个谜。但徐文中说在"上海敌伪物资管理委员会"见到宝鼎的，而"上海敌伪物资委员会"是从谁手得到宝鼎的，却无内文。这里抄录徐文，以飨读者。当时徐先生任国民政府教育部长，此文可信。徐文如下：

"该鼎自道光年间出土后，一直在民间流传。抗战胜利后，风闻毛公鼎在上海有了消息，遂引起学术界的极端关注。当时我任职教育部，文博事业系我主管精力之一。经多方查询，始知此鼎已在'上海敌伪物资管理委员会'。于是便以教育部名义，两次呈文行政院，要求将其拨交国家博物院收藏。然事经月余，未见批复，遂第三次呈文。并请教育部政务次长杭立武陪同，前往行政院会秘书长翁文灏。剀切陈词，说明此鼎确系国家重器，必须立即拨交国家文博机构收藏，以防不测。此次遂获首肯，并给予行政院'准拨给'的令文。我随即携文连夜乘车赶往上海。

"当时上海敌伪物资管理委员会主任是郭泰祺。过去曾任外交部长，与我尚有一面之识，但洽谈两次，总不得要领，对方只是：'查查看有没有这件东西。'不得已，我便邀请上海市图书馆馆长、著名学者徐鸿宝（森玉）先生同往恳谈，他们才交出此鼎。拿到宝鼎，我立即乘夜车赶回南京。为提防有权势者知悉，又闹出什么波折，我便悄悄将宝鼎放在自己办公桌下，并通知中央博物院前来领取。此后二十多天，此鼎一直躺在那张桌子下面，未引起任何人注意。1946 年 8 月 1 日，中央博物院派专门委员曾昭燏前来教育部，将宝鼎郑重领去。"国宝归国有，理所当然，祝它永安！

陈介祺的书法艺术

陈时超　　陈景蕃

　　清末著名金石学家陈介祺，不仅善收藏，且金石鉴赏尤精，又长于墨拓，不断开拓传拓技艺，被誉为"前无古人"的大师，对书法艺术亦颇有造诣。在大力提倡"朴学"的清代，青铜器铭文释读之风大为盛行，众多的名家学者投入其中，将传统的书法与金文相互交融，形成独特的一种书体，先生为第一人，也是仅有的一人，堪称书法名家。

　　陈介祺出身于潍县宦门望族，其父陈官俊，清道光帝师，官至协办大学士，吏部尚书，甲辰科会试总裁。其书法精湛，道光十二年所书《重修潍阳书院记碑》，其字蕴藉遒劲雍容大度，貌丰骨劲，错落有致。先生自幼随父在京，承父训，绝嬉娱，无妄言，聪慧嗜学，日读百数十行略不遗忘，多受父亲称赞。32岁中进士以二甲第三名入词垣，授翰林院编修10年。其间严律于馆阁体的书写，书法功底非常深厚。1854年借丁忧辞官回潍定居后，以考古、鉴古、传古为事，目的在于识别古文字，研究古文化。尤其得到毛公鼎后，先生竭智稽考其铭文，将其墨拓数张分别赠与著名金石学家徐同柏和吴式芬等以作研讨，广征名家的意见，历时17年五易其稿，写出了《毛公鼎考释》一卷。毛公鼎铭文在古文字中属于成熟期的作品，是金文中的瑰宝，它是研究金文书法的重要实物资料。先生平生喜爱古文字，尤钟爱金文，因而对毛公鼎释文等苦心孤诣，精心研究，在整理和考证古文物的过程中深得古文字之精妙。由于先生具有浑厚的传统书法功底及对书法艺术的领悟，创出了以颜体为本融入金石篆籀书风的"簠斋金石书体"，形成了独特的艺术风格。既古劲又易识，豪放而不险怪，成为清代书家的后劲。先生晚年的书法在楷书基础上糅以金石文字之精华，用墨浓重，行笔沉着，笔道平实，古朴奇穆，清新绝俗，自成面貌，为众家所崇。著名书法家何绍基见到先生作品惊叹道："与逸绝伦"。这种金石味浓厚、风格独具的书体，不仅为国人重视，亦极受日本书家崇仰。日本京都大学教授杉村邦彦先生说："陈介祺的书法，富于金石的气魄，具有与其他书家不同的风格，在现代年轻人中受到极大的关注。"日本书道家山内观先生称："《簠斋尺牍》是超越时代的令人感动的佳作。"

为启迪后人，在同治元年（1862 年）先生将自己写字中的甘苦之言编写成两千多字的《习字诀》。《习字诀》对笔法、墨法、结体、行款都讲到了，重点是讲笔法。他认为书法的用笔为上是无可非议的，如果失去了笔法，结构再好也是图案而非书法。由于先生是著名的金石收藏家，他提出"练行不如练气"，这是从金文中得到的启示，对写好字是极其重要的。

《习字诀》对潍地习字书法的后人影响极深。特别是陈氏家族中书法家辈出，他玄孙书写的金文还曾在全国书法展览中展出。

习字诀

墨砚本平，磨须郑重。濡毫勿卷，须适其性。指肚着管，大二先并，三以为辅，四五从令，掌心必空，笔得仍正。忌邪与拘，忙乃大病，临帖求似，法于古镜。即此是学，作字要敬。

此为初学说耳，若求古人笔法须于下笔处求之。

所有之法，全在下笔处，笔行后无法，无从用心用力也。

运腕之要，全在指不动，笔不歇，正上正下，直起直落，无论如何皆运吾腕而已。

"直落"二字要体会，下笔微茫，全势已具。转折即同另起一笔，不是断开，只是换法。下笔先要法分明，分明方是法，不分明不是法，笔笔分明便笔笔变化，余五十后始见及此。

凡用手者，皆运腕乃得法，盖莫不然。手只用以执笔，运用全责之腕，运用吾腕，是在吾心，岂腕自运乎？运腕而指不动，气象、意思极可体会，能如此方是大方家数，方是心正气正。手不动方可言运腕，犹心不动然后可言运心也。指动则腕不得为主，心动则心不得为主，心无主，则静而所得者甚少，动而所失者必甚多矣。

力量运于指肚则虚灵，方能五指齐力而无笔管伤指之病。运于虚灵则力无穷而不拙谬，非门外人斗狠矣。

手之用力于指肚，如以手用力抓小物，五指齐力，一气合运。自手通腕，自腕通臂，自臂通身，手指不合一向管执笔之病百出，其他更难言矣。

五指肚运齐力，再合起向上提，向上竖，心竖则手竖，手竖自字竖，字竖方有精神。入手自此，执笔定又无病。再说运腕，腕似拙而难运，求而得之，甚不拙矣。不肯用心，何能解此。

运腕之妙，画家笔端有"金刚杵"之喻最精。然须正正当当，卓尔直落，笔尖落处，又极分明，不懵懂。

软笔用力到尖，如以竹枝持而挺之令直意思，力即能到尖。到尖，则鲁公锥画沙之喻最妙，然亦须正而泯浑融也。

屋漏痕，力犹有余，引而不发也。折钗股，直住收，笔健也。

下笔处一画之法已具，一身之力俱到。

有法则两头吃劲，中间仍不省力，方是真有法。中间松，仍是下笔力不足，力愈足则愈遒，笔愈竖则法愈真。力愈足，力愈有余，愈遒愈善，用力愈足。

此一笔是如何写，于下笔处已定，画短如此，画长亦如此。

收笔立得住，即是下笔之法无误；收不住者，即下笔时法仍未尽善。凡事慎终于始，小道亦然。要好，全在不苟。

求法先须形似，形似又须神似。神似乃非貌，而为心得其规。仿而无神理者，徒讲间架，尺寸而无匠心者也。

是心理分明，手里分明，自然形似。乃能神似，以至于自成一家。

取法乎上，钟鼎隶篆，皆可为吾师。六朝佳书，取其有篆隶笔法耳，非取貌奇，以怪样欺世。求楷之笔，其法莫多于隶。盖由篆入隶之初，隶中脱不尽篆法，由隶入楷之初，楷中脱不尽隶法。古人笔法多，后人笔法少，此余所以欲求楷中多得古人笔法，而于篆隶用心。且欲以凡字所有之点画分类，求其法之不同者。摹原碑字而论之，为汉碑笔法一书也。

得古人一笔，便多一法。一字有十笔，便有十法。一笔有数写法，更多变化。诸法奔赴腕下，无一不善，必成大家。

笔法千古不易，一笔有一笔之法也。结体须要用功，一字有一字之法也。

作字须行气，气须自画中贯，从大处从容来，向大处从容去。行气似甚大，旁虽无物，亦若近即相仿，而笔画仍写不长者。能收得住，站得住，不出心中规矩尺寸。也要接得顺，转得灵，联贯得固者。法分明，而无画处亦有脉络相连，一字如一笔书也。是非中锋提笔，竖笔不能矣。若藏锋，则功夫到，力量足，愈敛愈妙，非以不出锋，便谓之藏锋。此则非初学所能解矣。

练行不如练气。古人法备精神，大如钟鼎文，行款有全似散底，而通篇一气，无不联贯，不惟成行，直是成大片段。其实只是笔笔站得住，字字站得住，行行站得住。至钟王楷法，后人以九宫求之。谓凡纵三横三九字皆联贯，唐以来书即不能如此，无论大段矣。

作字必须悬肘，古人作小字，亦无不悬肘者。童蒙习字，每日令写二三寸大数字最有益，及冠后即难习，若性成矣。不可抬腕而不抬肘，思枉尺而可直寻也。

硬笔不如羊毫，品格分矣。

小笔写大不如大笔写小，能用大笔为要。能用浓墨，方有力量。小字可展之方丈，方丈须如作小字。用笔与墨气，看墨迹较易解，力足者，墨右淡左浓，中锋者墨在正中。

作字须日日有课程，用心临古人碑帖。

钟王帖南宗，六朝碑北宗。学者当师北宗，以碑为主。法真力足，则神理自高，先求风姿，俗软入骨，未易湔洗矣。

本朝书家推刘、张（指刘墉、张照）。张纯用硬笔，力能撑而内不足；刘字字摹仿古人，惜为帖所拘，只一字一字结构（老年自语人谓一字只能完全一字），未到汉魏六朝大碑境界。今之何子贞过于刘、张，然不免有名士习气。有人之见存，目空俗子，而自己功夫未能作真古人上上乘。想未能虚心，实力不自少恕也。

附：为幼学论书

用笔之法全在下笔用力，而不可揉作一团（切忌揉，即是法不分明)。用力须于下笔时笔尖分明,落笔直下,全是运腕,指笔永不动,则挺健而不拙滞。古人之法有所得,发笔便快,墨色便光,与无帖意而徒匀整者,自然不同。然应试自以匀熟为主,笔尖不等用,则亦不能明净也。作字不过十数年,须一笔一笔求之,所谓笔法千古不易也。结体须多看样式,用心配合间架,取势取神,所谓结体亦须用功也。

辛未春,海丰吴仲贻(即吴重熹,簠斋婿)倩录余示阜孙《习字决》于册。余见之,复举十年来所自得随手杂记于右,受命阜再录,而余又编之,以为初学先导。

同治辛未三月二十四日甲寅海滨病史再记。

陈介祺与传拓工艺

邓　华

　　传拓是将古老的碑碣石刻、青铜器、玉器、陶器、木器以及古钱币上的文字图案，用宣纸和墨汁拓印下来，保真传神，不失原作风采的一种特殊工艺，在我国已有千余年的历史。清代后期，从敦煌石室发现的《温泉铭》、《化度寺塔铭》和《柳公权书金刚经》，都是唐代传拓与装裱，后被法国人劫去，现存巴黎。这些唐代拓本，足以证明我国的传拓工艺，源远流长。

　　数千年来，我国勤劳智慧的人民创造了极其灿烂的古代文化，从远古的甲骨文、钟鼎文，到秦汉的篆体、隶书；从刀笔工整的魏碑、正楷，到龙飞凤舞的草书；从青铜器皿上的工艺图案，到图像砖上的人物史迹；从古刹文庙石壁上雕刻的诗词铭文，到宫殿祠堂画廊里陈列的山水花卉石碑，……林林总总，遍布神州。但是，随着历史的变迁，保存下来的古代文物越来越稀少，而且这些不可复得的艺术珍品是很难个人收藏或集中在一起展览研究的，学者们进行研究和收藏者玩味欣赏都受到很大限制。因此，利用捶拓的方法将古代器物碑碣上记载的历史事件、政令禁约、名人字画、图案纹样传拓成片再装裱成册，是研究历史文物的宝贵资料，也是丰富生活、交流文化的珍贵物品。传拓艺术自有传真留神、妙手回春之功，因此历来受到广大学者和文物收藏者的珍视和赞誉。

　　清代大金石学家陈介祺继承和发展了这门古老的传拓工艺。

他收藏了数以万计的各种印章、碑刻、造像、陶器、青铜器，为便于研究和整理成书籍，从京城和原籍潍县聘用一批技术高超的拓工，亲自指导他们从事传拓。这些拓工跟他一起研究改进传拓工艺和技术，成为全国著名的工艺能手。在清代咸丰、同治、光绪三朝，捶制出数万件拓片，流向全国。使潍城的传拓工艺发展到高精水平，赢得全国金石学家推崇。叶昌炽在他的著作《语石》中指出："潍县陈簠斋前辈，拓法为古今第一。家藏刻石，皆以拓尊彝之法拓之，定造宣纸，坚薄无比，不用椎拓，但以棉包轻按，曲折坳垤，无微不到。墨淡而有神，非惟不失古人笔意，并不损石。齐鲁之间，皆传其法。"足见陈介祺与其拓工们已将这项工艺切磋研究得出神入化，达到前无古人的水平。

陈介祺为整理、考释文物，并在世上流传这些文物，先后聘雇的著名拓工有：陈畯、李贻功、李泽庚、陈子振、徐凤岐等人。他以精湛的墨拓技艺，给后人留下了数以万计的金石精拓资料，被推崇为"拓法古今第一"。

尤其是他在拓制毛公鼎金文时，由于鼎内结构拘谨深陷，全部文字又铸造在一个凹面上，若想完整清晰地从鼎内拓出原文，是一件难度极高的手工工艺。陈介祺与传拓艺人们反复推敲试验，不断改进拓制技术，终于以高度智慧和技巧，取得了成功。陈介祺积累多年的经验，编写出两部传拓工艺专著：《传古别录》和《传碑拓碑札记》。他在著作中介绍了传拓的一些诀窍："用白芨胶水上纸，未干先上墨一次，以墨浓不走为准，不可接拓，使墨浸字内或透纸背，墨胶将于不粘纸起乃可再上，干后再上浓墨数次乃能光彩，浓墨者耐久易摹惟不可侵入字内。"捶制拓片时，根据原件的位置，有的在露天捶制，有的在室内作业，其工艺过程要求精致、细巧、轻盈、洁净。具体拓法是：先把被拓制物件洗净拭干，敷以棉性纸张，然后喷雾滋润，用沙锤微加拍压，使纸与碑纹匀称相符，再用墨锤和彩锤反复轻拍，使色泽均匀如一，待晾干后揭下即成。从碑石或铜陶器上初拓下的拓片，字迹真切，纹饰清晰，谓之"初拓本"，以后再加拓制者叫做"复拓本"。

传拓由于拓法及用色不同，分为墨拓、朱拓和青绿拓。朱拓又分为拓目和银拓，墨拓则包括：乌金拓、密云拓和蝉翼拓。其中蝉翼拓是陈介祺率传拓工匠们在多年的摸索实践中创立的，是一种不施浓墨，墨渍淡若蝉翼但字迹清爽，立体感强，形象逼真的高超传拓技艺。

在陈介祺之前，其他各地的传拓工艺是用布包棉花扎成扑包，沾墨进行捶拓，但棉花吸墨充足，拓出的痕迹浓黑一片，有些地方还侵蚀到字体和纹饰内，漫漶不清或走形。潍城"蝉翼拓"则是改用布包秕谷，让墨汁浸到扑包的秕谷空壳中去，拓出的墨点像一层芝麻撒在纸片上，星星点点像蝉翼般透爽，字迹或纹饰的刀工也不会被浓墨掩盖，所以雕刻刀工就呈现出凸凹的层次感和立体效果，能够传神逼真的再现原作风采。所以陈介祺创立的蝉翼拓，使我国千年传拓技艺更上一层楼，是传拓工艺的进一步发展。

由陈介祺兴起的潍城传拓工艺另一大特点是，传拓郑板桥"三绝诗书画"的作品较多。由于郑板桥在潍任七载县令，所留手迹和石刻、木刻较多。因而，潍城历代拓工们挖掘郑板桥石碑木版四十多块，捶制拓片数十套，复制郑板桥画板六块，因而，郑板桥的竹、兰、石、菊拓片不胫而走，传遍天下。这两首诗单独排列如下：

峭壁垂兰万箭多，山根碧蕊亦婀娜。
天公雨露无私意，分别高低世为何？

咬定青山不放松，立根原在破岩中。
千磨万击还坚劲，任尔东西南北风。

这些寓意深刻的诗句拓片，更是使人们喜闻乐见，体味无穷。特别是挖掘出失传数十年的郑板桥代表作之———《城隍庙碑》，其历史和艺术价值尤为重大，其拓片非常名贵。此外，潍城还发掘出历代名人字画、石碑木刻等数十套拓片，为传播祖国灿烂的文化艺术，做出不可磨灭的贡献。

晚清传拓技艺的开拓者

——记陈介祺与潍城的传拓艺术

陈时超

近年来，有关潍城的传拓作品介绍，以及清代著名金石学家陈介祺对发展潍城传拓技艺的轶事屡见报端，人们对传拓有了一定的了解。流传于世的此类藏品颇具老潍城文化特色，深受人们的喜爱。当今经常展现在本市各种会展和馆藏陈列品之中的展品和藏品，多为潍城陈氏家族不同时期的作品，且种类不一。如何更好地去欣赏这些艺术珍品，还要从多个方面掌握有关知识。我们今天见到的这些作品，首先不能一概用"传拓"一词冠之，因为在之中还有"摹拓"，又称"仿拓"和"形拓"两类作品。这是金石学家陈介祺在传拓和前人摹拓技法的基础上发展而成，又几乎是老潍城独有的两个门类。为使观赏者能够较全面地品味这些艺术品，本文将对有关这方面的情况作一简要的介绍。

人们通常所说的拓本或拓片，是以纸紧覆在金石器物的文字、图纹上面，然后用墨打印而成的纸本或纸片。在这个过程中有一套技术方法，称之为传拓技法。

我国的传拓，至少已有千年历史。据《隋书·经籍志一》载："其相承传拓之本，犹在秘府。"，这是最早对传拓工艺的文字记载。拓本在唐代已经开始流行，可见传拓这种技术方法，至少在隋代已经产生，甚至还要早。

传拓技法中含有擦拓和朴拓两种受墨方式。擦拓亦称蜡拓，即将蜡和烟煤搅拌均匀后，制成蜡饼，用此进行来回擦磨拓印。南宋以后出现的朴拓，一直沿用至今。今天的传拓作品中，绝大多数是以朴拓而成的。但擦拓有人仍用于碑石的传拓，现在外地的一些旅游景点上，时有这种擦拓品面市。擦拓的主要特征，除因在拓料中含有石蜡，墨中透亮外，还有它不带有朴包麻布纹理的痕迹，个别文字还能看出墨饼来回移动的轨迹。我们今天常用的，由出版社出版的历史名帖中，有时也能见到前人在擦拓过程中留有的这种轨迹。

在颜色上除墨拓之外，还有朱拓、绿拓和套拓。这只是拓料不同，而传拓技法则是完全相同的。朱拓的拓料以朱砂或银硃为主，选择了鲜艳夺目的朱色，是为了表示吉祥，以达到一种富丽堂皇的艺术效果。套拓则是为了追求特殊的艺术效果，在一张拓片上用八种颜色拓印，富于深浅变化。

一幅高质量的传拓作品，着墨（或着色）浓淡一致，套拓则层次分明，图纹清晰，纤毫毕现，真实地表现出了原作的神韵。

摹拓又称仿拓，则完全不同于传拓。它是以传拓作品为原型，全凭作者用笔以拓料摹作的一种作品。这种摹拓作品，既不是唐人所说的摹写前人书法墨迹的"摹拓"，也不同于现在为衬托书法艺术效果水印而成的瓦当等各种图案。一幅好的摹拓作品，呈现的是一种传拓艺术效果，足以达到乱真的程度。

摹拓作品的发展，与金石学家陈介祺对古文字的研究需要有关。清代自乾隆、嘉庆以后，三代、秦、汉的青铜彝器、砖、瓦、封泥无论出土数量，还是学术专著之丰、水平之高都远远超过前代。同时由于当时大力提倡"朴学"，青铜器铭文成为古文字研究的重要对象，青铜器的收藏和青铜器铭文的释读之风大为盛行，青铜器图形和文字考订的著作也多了起来，出现了不少名家学者，其中陈介祺可称之为大师也。先生收藏之富、鉴别之精甲天下，收藏研究了商、周、秦、汉时期七千余方玺印，数以百计的青铜彝器，以及大量的砖、瓦和封泥等。在考证这些藏品及其铭文时，除自己进行考释、鉴定，还与分居各地的金石友潘祖荫、王懿荣、吴云、李竹朋、吴大澂等人进行交流切磋。他们在相互交流中，除在书信中进行探讨外，还将各自的藏品进行交流鉴赏。由于众所周知的原因，这个交流不可能是实物的传递。而传拓能够将器物上的文字，图纹真实地再现在纸张上，为方便传递，提供了最佳条件。因此传拓就成为在交流中重要的也是唯一的载体。在当时的历史条件下，传拓对古文字研究、青铜彝器和陶类器物的考证，起到了极其主要的使用。

　　每件器物的传拓作品，先生除留足自用之外，还要满足赠与亲友和金石友好的交流。同治十二年八月八日致潘祖荫书"附上乙亥方鼎、天君鼎……共十三纸，乞察存"。次年三月又书"今春拓得古兵将毕，秉烛捡廿二纸……希是之。"致吴大澂书"新得瓦十四种各拓一……"。同时先生也收到各地金石友的自藏品拓片若干，书称"各拓、笺纸均至，至感感。"可见传拓当时作为交流载体的用量之大。

　　先生家中有近十名拓工终年作业，传拓品源源流向全国各地，还有的流传到了海外。

　　随着拓印次数的增多，对器物的损耗也日渐明显，陶制品和封泥的耗损要比青铜器严重得多。封泥在拓制之前，需要在表层均匀地上一层白蜡，方可上纸拓制。砖瓦等陶制品因吸水性太强，所以在拓制之前亦须上蜡。两者只是上蜡的方法有所不同，朴拓时以小包轻扑来上墨，可见仅靠对器物的传拓，难以满足用量之需要。尤其对器物的损伤，对收藏家来讲，更是难以用文字来表述的。

面对器物的损伤和交流中必需的拓制，先生首先是对封泥和瓦当等陶制品进行"画拓"（摹拓的初称），即对照拓片，用笔绘制。被称之为"画拓"的早期作品，笔痕较明显，逐渐笔下的作品有了传拓的感观，其用笔称之"粗工点笔"，最终以"细工点笔法"做出的作品，达到了神似的韵味。先生除自己画拓外，还命家族中他认为具此才能者参与。所以潍城的摹拓作品，多出自陈氏家族。作品讲究神似，忠于传拓原作，不作丝毫的改动。摹拓是传拓的再版，不是创作。民国时期著名的书法家陈柏岩在对其堂妹陈蕴慧传授摹拓技法时，要求瓦当面上与图文无关，而因夹杂在传拓品上呈现的深色着墨点，和破残痕迹也要一并做出，其目的就是要忠于原拓。摹拓中的最后以淡墨（或淡色）"烘染"使其呈现出的拓晕，更加真了作品的传拓神韵，达到了乱真的程度。再加上文字题跋，形成了一种独特的章法。先生还将摹拓技法介绍给了各地的金石友，各地的摹拓作品也陆续出现，在题跋章法上，各具特色，但做图笔法上则完全相同。摹拓从用于古器物、古文字考释交流开始，逐渐进化成为一种独立的艺术品，内容题材也由最初的瓦当和画像石、砖，拓展到了古钱币、铜镜等。作品以其古朴、典雅的艺术感染力，流传于世。

"形拓"指的是拓出来的器物形状，富有立体效果，让人看后就知道此物的形状、纹饰、大小样子，就像器物的立体画一样。潍城的形拓，一般是先依照实物做出与实物尺寸相同的画拓稿，再浸木制版，进行传拓。还有一种叫摹形拓的作品，是依照形拓片本，用笔做出的摹拓作品。可以完全按照原拓做图，也可以按比例放大或缩小做图。"形拓"是老潍城对此类作品的传统称谓，与各地区所称之的拓图形、拓全形、立体拓、拓形皆指同一类作品。

形拓是陈介祺等人受到了西方摄影作品的启迪之后，吸取了并保留了博古图的精华，融进了国画的传统技法后，形成的传拓派生品。博古图和形拓在用途上属同类。博古图的历史可追溯到研究青铜器比较发达的宋代。目前文献记载最早的一部对青铜器绘形辑纹、考释铭文的著作，是北宋元祐七年（1092年）吕大临作的《考古图》。而博古图一词的出现，是在其廿余年后的宋徽宗宣和年间，由王黼奉敕编撰的《宣和博古图》一书。（近代的金石学术界，有人认为编撰者是王楚，在此仅作提示）

博古画与博古图的分属是截然不同的。博古画是以青铜器、窑玉古玩、文房用具之类古物，结合花果为题材的绘画作品，它属于花鸟画的分类之一。近代的任伯年、孔子瑜等，当今的郑乃珖等闽、浙籍画家都擅长或兼作博古画。近年的文化市场上出现了北京画家方建华、诸城籍画家郭西元的作品。我市画家王润文、魏建功的画笔也开始触及博古画的边缘题材。博古画与博古图的根本区别在于，前者作品中的古器物，只求形似，是画家笔下的作品，而后者则是依照古器实物所绘制出的中国式的写生图形。

以博古图作为考释古器物的图形一直沿用至清末民初。陈介祺对瓦当、铜镜、画像石、砖等题材以原拓或摹拓作为画芯，装裱后挂壁欣赏，感到十分惬意。在青铜器的铭文拓配上博古图后，黑白反差过大，用赤拓、绿拓进行对比，效果亦不佳。在看到潘祖荫从京师寄来的盂鼎照片后，先生为之一震，因在收集到号称西周青铜重器毛公鼎之前，先生就已收集到了这件有295个金文重器的铭文拓片，并对此作出了一定的考释。面对黑白相

间、层次分明的盂鼎照片，及其他途径得到的风景照片，经过深
思熟虑之后，先生提出了"做图用洋照"的构思。并认为"可做
二图，大者用原尺寸，小者则以照者摹刻"；大者配以铭文原拓，
当作轴式装成，小者刻版入书。为青铜器学术著作所沿用了八百
年之久的博古图，构思了全新的图形，即形拓。同治十三年十二
月二日致潘祖荫书称：

> 作图用洋照，而勿令其传印，收版自存之。花文以拓本
> 樽节上版为合，可做二图，大者用原尺寸，小者则以照摹
> 刻，字亦可照，小者为一缩本图与字也。洋照能得迎面技，
> 且可四面转侧照之，作兰、竹、菊、梅谱尤佳。山水皴法用
> 之亦佳，唯须去俗晕。出以与名大家之画笔，必过前人，非
> 心精眼明手敏识超亦不能至。画院中亦不可无此一格，集各
> 处洋照山水画，析作粉本，便可自有机杼，唯用笔如作画不
> 易耳。

先生还将以上构思和做图的具体方法步骤，函告已编撰出版
了《两罍轩彝器图释》的江苏吴云和时任陕甘学政的吴大澂，并
向潘祖荫"乞赐"了盂鼎较为详尽的各部尺寸。据资料记载，同
时作盂鼎图形的，各地就有三家。先生让摹拓过"曹望禧"画像
石的族弟陈子振参与形拓的做图。半年后，盂鼎形拓画稿完成，
在配上铭文摹拓后，装帧立轴"真是巨观"，（该鼎高 101.9 厘
米，为西周出土青铜器形制最大者，称大盂鼎，与存世的小盂鼎
作以区分。）但这仅是在黑白反差和整体效果上取得了一些突破，
而"图甚不如法，未免怅歉"，还有待做图上的探索提高。在经
过了鼎形上"以建尺校其形，以黍重库权校其容"结构上的鼎

耳、花纹等处以原拓做图等细致的工作，历经数年才达到了满意的效果，实现了先生"画院中亦不可无此一格"的愿望。著名的毛公鼎形拓图几乎是与此同时完成的，当时的潍城还没有摄影业，毛公鼎"潍县照"是在先生身后的清末拍照的。在做毛公鼎形拓画稿时，仅能依照实物，参照盂鼎照片来进行，可见其难度之大。做出的形拓画稿，鼎的一足在前，两足在后，是潍城陈氏此鼎形拓的特色。初期所配的铭文拓片，是四片拓（今存国家图书馆）。后经先生多次探索，才拓出了今天常见的两片拓。将形拓画稿浸木制版，在拓出的鼎形拓上，配上铭文原拓，再加注释文后，成为了一件颇具价值的艺术品。取得了形拓画稿的做图经验后，先生逐对收藏的三代青铜器中挑选出典型器物，分批作成形拓稿浸木制版，将拓出的形拓图配在铭文原拓上，装帧为立轴，一组多幅。在先生故居陈列馆中展出的一组八幅青铜器形拓立轴，就是当年的木版拓。在形拓的题材上，还拓展到了汉代的铜灯和明代的紫砂壶等。

　　参观先生的故居陈列馆，除能领略到先生收藏古器物的志在鉴古、考古、释古、传古，怀志高远，对金石学的研究所作出的重大贡献之外，还可以看到一部潍城的传拓、摹拓、形拓发展史。例如在形拓图日臻完善的过程中，对器物中光点高低，反映在画稿上的黑白反差强弱处理上，开始是以传统中国水墨画技法中墨的浓、淡来处理。制版传拓是以套拓法进行，这样不仅是制版工作量大，而对拓工的技术要求相对较高。以后发展为以着墨点的疏密来处理反差的强弱，解决了在套拓中难以处理的浓淡过渡的难点，制版后一次传拓完成。这种处理方法在传拓上的应用，是无与伦比的。

　　当年同时做盂鼎图形的三家，只有先生做出的是形拓图；吴大澂著，光绪十一年出版的"《恒轩所见所藏吉金录》中盂鼎图仍为博古图。先生将自己在做形拓画稿中的探索和成功的做图技法，向各地的金石友传授，得到了各地金石友的认可，并加以传播推广。在清末民初出版的青铜器学术著作中，最终以形拓图，配上铭文原拓，取代了博古图和临摹的铭文。其中最为典型的是，由溥仪的老师陈宝琛编撰，罗振玉参与在 1930 年出版的《澂秋馆吉金图录》一书。"先生对摹拓、形拓艺术的开创和发展，与对金石学的研究一样，丰富了祖国的文化艺术宝库，得到了学术界的肯定和敬仰。

由于摹拓、形拓的起源和应用对象，局限在一定的人群中，所以它的传播和人们对它的认识，也造成了它不同于书画作品那样的广泛和深刻。随着时代的发展，尤其在文化繁荣昌盛的今天，它的艺术魅力日渐吸引了人们的注意力。它的艺术作品，也得到了广泛的流传。北京琉璃厂荣宝斋常年有摹拓瓦当作品展示，苏州的摄政园和古都西安的展馆、画廊中都有摹拓、形拓作品。笔者曾在本市中医院以北的一家画廊内，看到一幅京式题跋的"千秋万岁"瓦当，询问店家证实，正是北京一书家的作品。客居青岛的潍籍书法家高小岩先生，前几年回家乡举办个人展，特定展示了两幅瓦当摹拓作品。笔法纯正，题跋章法严谨，作品融进了书法家的创作，显得古朴、大度。先生故居陈列室为文物的保护，作常年展品的毛公鼎摹拓图，就是出自该馆一位高姓女工作人员之手。该女士多年从事文博事业，长期工作在该馆，耳濡目染，加之自己的悟性好，所做的这幅摹拓图，不失为一件成功的摹拓作品。

今天喜爱和擅作摹拓、形拓的人群结构，向着大众化的趋势发展，出现了不少新秀。作品融进了新的题材和创意，做图技法也不完全相同，正如那首题跋朱雀纹瓦当作品的七言诗所说：

> 曾栖高祖未央宫，神羽无随凡鸟同。
> 沉坤落寂修千载，今入吾家再染红。

参考文献：

吴　梓：《传拓技法》。

陈介祺：《秦前文字之语》。

岑钟勉：《金石论丛》。

王懿荣与陈介祺

吕伟达

　　《王懿荣集》［卷四（天壤阁杂记）吕伟达主编，齐鲁书社1999年版］中有这样一段文字："过潍县，住四日，遍访赏鉴家。在陈寿丈处三日，书画古器不具数。见所藏朱子《楚辞》与协卿本装潢皆同。见南郑丽诊所藏古泉、古砖、古印。南郑宋版《四书》，闻寿丈称之，未见。槐堂故后，家无长丁。陈九兰藏四朱及宝化种类极多，皆《泉汇》朱未收。陈小兰以办盐下乡。《桑梓之遗》，书画一大宗，未见，闻有总目。得一六字刀，十五金。又得高君二字，极佳之。大量几专车，今尚存西泉家。得'齐'字砖二。……"

　　文中所提到的陈寿丈及高君，即潍县（今山东潍坊市）大金石学家、大收藏家陈介祺与高洪裁。

　　王懿荣亲笔为《簠斋吉金录》的青铜兵器部分提写了书名：《古兵——潍县陈编修介祺藏》。

　　据《王懿荣年谱》记载，文中所述时间为光绪七年（1881年），王懿荣37岁，即刚刚得中庚辰科二甲十七名进士，入翰林院。可谓金榜题名，春风得意之时，他于腊月返里烟台（福山）老家祭扫祖墓，在家守岁。过年后北上，过黄县，住在本族人王守训（光绪丙戌科进士，官居翰林院检讨）家，又从黄县（今龙口市）到了潍县陈介祺家。陈介祺那年68岁，陈、王二人可谓是忘年交。还有一层，便是陈家与王家上几辈是亲戚，算是老亲。

　　兴起于北宋时期的金石学，发展到了清代晚期，已经冲破了单纯收藏、研究钟鼎彝器、碑碣、石刻的狭小范围，还拓展到了兵器、钱币、玺印、封泥、陶文、砖瓦等各个方面。总之，凡是具有文字、图像、花纹的一切古老器物，均成为收藏家的研究和收藏对象。开这个先河的人，就是陈介祺。而王懿荣是继陈之后的又一杰出人物。他们一脉相承，为我国的考古学和古文明史研究奠定了坚实基础。正因如此，才有王懿荣在和陈介祺见面的十八年后，独具慧眼，发现了甲骨文。

　　王懿荣研究古文字和金石学方面的成就十分突出，例如，他在研究和收藏商周青铜器方面就有：辅伯鼎、匽侯旨鼎、叔向簋等凡 32 种之多。其中"手执中阳文瓿"、铭文"手执中"即"史"字，是商周铜器中常见的族徽。

　　陈介祺是世所公认收藏陶文、玺印最丰的大收藏家。他曾自撰楹联曰："陶文齐鲁四千种，印篆周秦一万方。"

　　王懿荣一生在研究金石方面用力最勤，成就最大当数《汉石存目》和《南北朝存石目》。《汉石存目》成书于光绪十五年（1889 年），分上、下二卷。上卷为《字存》，著录包括刻石、阙、碑、记、碣、铭、颂、墓、表等各种体裁的汉石铭刻。还在各个条目下分别注明书法类别、年代、存放地点及简扼的考证文字。下卷为《画存》，著录了各种形式、体裁的画像石。著录形式与《字存》相同。有题字、铭文、额存的画像石还分别注明刻字所在位置。

　　《南北朝存石目》是《汉石存目》的姊妹篇。从同治元年（1862 年）开始撰写到光绪七年完稿，历时 19 年。其间"探索借读，往返商榷者"，有吴县潘祖荫、吴大澂、潍县陈介祺等人为此书提供帮助和资料。此书收录范围自南北朝至隋代，按碑、志、记、梵典四类著录。《叙例》中详述定名、断代、收录取舍标准，都举出了实例加以讨论。《凡例》中还详述了著录原则及格式，是石刻目录中的经典之作。这部著作，深得陈介祺的帮助和点拨，可见王陈二人感情之深，学术交流之广，非同一般。例如，王懿荣曾致函陈介祺，指出《尚书·大诰》中的"宁王"、"宁武"、"宁文"之"宁"字，应是"文"字之讹。这一说法，深得陈介祺的赞同和高度评价。

陈在给潘祖荫的信中说："《尚书》至今日无从的确据以定之。……其文之古者，则唯吉金古文可以定之。吉金古文亦唯《尚书》可以通之。福山王廉生农部懿荣书来，谓《大诰》'宁王'、'宁武'皆古文作'㲃'、作'㝉'之讹。余谓'文人'说极为有见。"

原来，在西周金文中"文"字写法往往是从"心"的，这种写法到春秋战国以后就渐渐不用了。因此，后人在隶中，传抄西周文献《尚书·大诰》时，由于不识从"心"的"文"字，于是就误作与之字形相似的"宁"字。

所以陈介祺称赞王懿荣，对"宁"与"文"字的勘误，是功力非凡的，对《尚书·大诰》中的"宁王"、"宁武"、"宁考"、"前宁人"、"宁人"等自此变为"文"便是西周金文的"文王、文武、文考、前文人"，这就显得通了。

王懿荣在有关陶文的题跋中也有不少精辟的见解。他在鲍康（子年）观古阁藏陶拓本上的题跋指出：陶文"款识间有若今存玺印者，可证古玺印□□之一。字体在彝器、玺印之间，亦秦前文字也"。"古玺印"后两字残缺，从残存字画看，似为"施用"二字。意思是说，古玺印用途之一即印制陶文。著名画家黄宾虹于 1930 年出版《陶玺文字合证》一书，举出古玺与陶文内容相同或相近数例，结论是："古玺文字，前人莫名其所用，今以陶器证之，有可确知其为款识之模型，而无疑义。""古玺文字，前人莫名其所用"的说法是不正确的。黄氏显然不知道，在他之前王懿荣早已窥破了这一秘密。

王懿荣上述题跋的落款是"丁丑五月"。丁丑乃是光绪三年（1877年）。而陈介祺收购陶文则是光绪二年（1876年）的事了。

关于陶文发现年代，以往多根据陈介祺的如下一则陶文题跋："瓦器残片，出潍之东。甚古，有印文曰陈□，当是陈氏之族，□字不可识。同治壬申五月六日己丑，得之于姓"。壬申是同治十一年（1872年），以此作为发现陶文的最早记录。但王懿荣在上述"丁丑五月"的题跋中还说道："长安所出瓦鼎，器盖完具有文字者，海丰吴子芯阁学藏其一。则汉器也，是其遗制。"这件有铭文完整陶鼎，器盖对铭，铭作："咸亭完里丹器"，徐世襄藏有全形拓。值得注意的是收藏者"海丰吴子芯"即著名金石学家吴式芬。他是道光十年进士，翰林院编修，官至内阁学士。吴也与王懿荣有亲戚关系。这就是说，根据王懿荣的这则题跋，至少可以把陶文发现年代比陈介祺所说提前到17年以上。

光绪六年（1880年）腊月，王懿荣中进士后返里。次年二月返京，途经潍县，拜访了陈介祺，在陈家住了三日，遍观陈氏所藏，大饱眼福。与此同时，二人还对一些金石文字进行讨论研究。例如在谈到所见的齐刀范时，王说："齐刀范亦陶成者，范正面凡列三刀，其范首尾或有字，作各，作田，作齐字。又纪数年，簠斋所得将千余，无一完者，皆临淄出。完者乃以两残范配合作成。荣归里询知前十年福山小望（王）家村亦出百余种，群掷于海叉小溪水中。荣觅人网出一完者，惜水冲出（去）字迹，然全形具在也。又所见东武所出，燕庭丈所得齐刀铜范，即范母，而仅一刀平列两面。此则当年伪造，从汉人范母生意者。以新出陶范一面皆三刀，又别具一背文范，可以此证之也。"可见王懿荣在金石收藏研究方面，不但领域广阔，而且有独到见解，至大且深。

王懿荣与陈介祺见面三年后，陈介老驾鹤西去。18 年后，即光绪二十五年（1899 年），正是潍县古董商人范维清送去了在河南安阳收购的甲骨 40 余片，被王懿荣慧眼识宝，认为这些甲骨片上刻的符号，是中国商代甲骨文字，把中国古文字历史提前了一千多年。这些成就，与王懿荣同陈介祺长期在金石文字学等各方面的共同探讨是分不开的。更有趣的是，潍县既有陈介祺和高洪裁这样的大收藏家、大金石鉴赏家，也造就和影响了像范维清这样有头有脑、有眼力的古董商人。他们为王懿荣发现甲骨文送去了信息和实物，创造了必要条件，功不可没。

2002 年 12 月，笔者在上海图书馆善本特藏部查到了潘祖荫的后裔，潘三多先生捐出的王懿荣与潘祖荫的通信（手抄本）。这些信全是潘、王二人讨论金石文字的信函，信中也提到了陈介祺老。可见当时陈、潘、王这些大收藏家是中国金石文字研究的主导人物。

陈介祺的义子曹鸿勋

杜在祯

潍坊市（旧称潍县）南关有一条东西走向的普普通通的小窄胡同，宽不过两米，长不足百米，世代居住在这里的大都是穷苦人家，多以卖苦力为生。然而清代末季竟然在这条不起眼的小胡同里出了两名状元，即光绪二年（1876 年）以一甲一名得中状元的曹鸿勋和光绪二十七年（1901 年）以一甲一名得中状元的王寿彭。两人同住一条胡同且都是穷苦出身，又同是清光绪年间状元，一时在当地传为盛事，时人誉为佳话，因名其巷曰"状元胡同"。其实这条胡同的原名叫"新巷子"。惜于 1992 年旧城改建时拆毁，原状已不复存在。

曹鸿勋（1846—1910 年），字竹铭，又字仲铭，号兰生。祖籍潍县。他的祖父名孚中，字木舟，举人出身，清道光乙未年（1835 年）。任广东省鹤山县知县，到任后不到半年于八月病殁署中（潍县志稿有记）。其父粗通文墨，不求进取，为人老实忠厚，虽家境贫寒，但乐善好施，以烤火烧、煮地瓜换钱养家。常常以食济贫，南关一带无人不晓。家境虽贫，但很受人尊敬。曹鸿勋出生在这样一个家庭中，贫困的生活，使少年时代的曹鸿勋经常过着食不果腹，衣不蔽体的生活。艰苦的生活，使曹鸿勋从小养成了严以律己，勤奋向上，艰苦朴素的生活作风。上学期间，他白天到东关修城墙的工地上背土换米，晚上去师傅家求知读书。他也曾到富人家做伴读书童，以求得饱食读书的机会。任何艰苦的环境都没有动摇他立志读书的决心，在他幼小的心灵便立下了"努力读书，出人头地"的志愿。

一

　　曹鸿勋自幼聪慧好学。稍大，他见清朝政府政治腐败，官吏无能，贪污腐化之风遍及官场，置百姓于水火而不顾，这使他萌生了"励精图治"的良好愿望，立志要努力进取，苦读经书以求治国途径。他的启蒙老师丁象庭先生十分喜欢他，在先生的教导下，他苦读了"五经"、"四书"和以解经义为内容的"八股"文章，在他的脑海里树立了"忠君爱国"的思想，决心走"学而优则仕"的道路。为达此目的，他勤学苦读，夜以继日。因家庭生活拮据，不时断炊，他就忍饥读书，以读书充饥，老师经常留他一起吃饭，待他如子侄一般。曹氏对他的恩师极为感激。

　　由于他勤奋努力，好学上进，学业进步很快。后经友人介绍，他便拜当时在潍县很有名气的学者陈恩德先生门下。陈先生对曹鸿勋关怀备至，不断赠米于他贴补家用，为的是使他安心读书，不让他为家事烦恼。老师对他要求很严，完不成学业，是绝对不行的。在陈先生的精心教导下，曹鸿勋在不到三年的时间里进一步读了《论语》、《孟子》、《书经》、《诗经》、《礼记》、《左传》等书。除此之外，还读了注解和其他必读的典籍，以及史书、文学书籍和老师讲解的释义。如此之多的课程要全部完成，其难度可想而知，但曹鸿勋居然在三年的时间内完成了。他的老师说："我所教过的学生，曹鸿勋第一人也。"

　　在一次偶然的机会，因一副对联的缘由曹氏结识了大金石家陈介祺，初被陈氏认为弟子，后又认为义子。陈氏为曹鸿勋请了当时著名学者，翰林王之翰先生为其授业。曹鸿勋在陈氏家馆大开了眼界，学到了很多知识，并借陈氏的藏书，读到了很多在外边见不到的书籍，为自己的学识打下了坚实的基础。

曹鸿勋读书刻苦，在陈氏家馆读书时，一次陈氏做寿，白天曹鸿勋忙了一天，并陪客人多喝了几杯酒，为了完成学业，夜间挑灯夜读。因有点酒意且劳累一天，深夜读书不觉伏案睡去，一盏油灯被碰倒，把他的头发烧着，猛然醒来头发已被烧焦。为责罚自己不慎竟然跪地自责，由此可见曹鸿勋对自己的要求是多么严格。第二天当陈介祺知道此事后便对王之翰说："鸿勋如此认真，将来必有出息。"没想到后来曹氏竟然得中状元桂冠。

二

曹鸿勋生活的时代，正是清政府封建王朝走向没落的时代。"鸦片战争"失败后，帝国主义列强瓜分中国，在中国的土地上横行霸道，中华民族面临内政腐败，外患日逼，国内太平天国等农民起义此起彼伏。曹鸿勋就是在这样一个国家内忧外患的环境下成长起来的，他亲眼看到国家的命运和前途无望。对外国人的侵略他感到愤慨，对贪官污吏他认为是政府无能，对农民起义他认为是官逼民反。他自幼所受到的是封建文化教育，"忠君"的思想在他的脑子里已根深蒂固。他认为农民不应该起来造反，贪官污吏应当绳之以法，帝国主义一定要赶出中国去，那些卖国求荣、尸位素餐的庸官应革职查办。他根本看不清封建王朝软弱无能的根本原因。"忠君"是他不可改变的世界观，"仕宦"是他一生追求的目的。所以他既不能投入到农民起义的行列中，又不能反对朝廷，只是梦想以自己所学到的知识来改变这个社会。为实现这种天真的想法，他努力进取，拼命考取功名，实现他的"为民请命，为国争光"的抱负。由于他仕途上的拼搏，于同治二年（1863 年）在他 18 岁的时候，县考名列第一。20 岁中秀才，23 岁补廪生，从此曹鸿勋开始走上艰难的仕途。在他的前面，只要继续向前就是高官厚禄的金光大道；在他的后面，有大名鼎鼎的义父陈介祺和授业恩师王之翰两个翰林的支持，只要继续努力，便可达到自己理想的目的。果然在他 28 岁的时候，同治十二年（1873 年）他以拔贡赴京考试。当时曹氏家境仍很贫寒，根本无力筹措赴京费用，为此他的义父陈介祺出面为他募捐盘缠。由于陈介祺出面，城内名流大贾、富绅官僚无不捐资出力。他们认为这是巴结陈介祺的好机会，当然不能错过。这样曹氏赴京的费用一下子就解决了。

　　曹氏带了足够的银两和陈介祺的书札，到京后晋见了义父的同僚，生活起居及考试的一切事宜都给予了诸多方便。考试时曹氏果然不负众望，顺利地考取了一等一名。由于陈介祺的年兄年弟从中周旋，曹鸿勋做了刑部的一名七品京官，从此步入仕途，进入了官场。

　　光绪元年（1875 年）在曹鸿勋 30 岁的时候，在顺天府投考恩科，得中 109 名举人。第二参加会试，联捷进士，以一甲一名及第，中了读书人最终向往的状元，授翰林院修撰，圆了他读书求官的梦。

三

　　曹鸿勋中了状元以后，一直在翰林院做修撰工作，没有放官，因为当时的清政府已腐败透顶，官场之中结党营私，贪污腐化现象普遍存在。曹鸿勋本来就是一个穷书生，那时的政府官员都有一套自己的班底，什么仆从、执事、公馆、摆设，官场中的礼仪拜访，各种应酬活动，哪一样都需要钱，光靠自己那点俸禄是不够开支的。翰林院又是一个清水衙门，因此入不敷出，而场面上的事不做又不行，那样会被人瞧不起。因此曹氏在翰林院的日子，只好靠借贷度日，根本没钱去活动出缺为官的事。所以曹氏虽然做了官，但日子并不好过。直到光绪五年，一次偶然的机会，慈禧太后看到了曹鸿勋的字，随便问起这位状元郎在哪里为官时才得知仍在翰林院，同年（1897 年）八月 34 岁的曹鸿勋才被派往湖南省做了一名副考官。

　　曹鸿勋接到圣旨后，立即走马上任。到任以后他首先调查了湖南省的办学情况，在调查中，他发现办学方法陈旧，必须改良。为此曹氏在湘期间，创办了湖南省书院，选优学习，改进了教育制度和教学方法，在培养人才上做了大量的工作。事实证明曹氏的教育方针是正确的，湖南省的学风大进，湖南的中考率逐年上升。他所制定的这一套教育制度，得到了广大人民的拥护，得到了当时总理各国事务衙门大臣徐用仪和协办大学士张之万二人的赏识，并推荐他直入上书房教贝勒载润读书。因此曹鸿勋又回到北京做了载润的师傅。

　　曹鸿勋教学有方、治学严谨，载润又是个勤奋好学的好学生，师徒二人关系很好，以致后来载润成为一个博学多才，行为端方，处事严谨的学者，在皇家是一个不可多得的人才。这与曹鸿勋的教导是分不开的。

　　光绪十五年（1889 年）正值慈禧太后 55 岁寿辰，宫内以总管太监李莲英、奕欣为首的一帮大臣为讨好慈禧太后，商量要建造一座"颐和园"为慈禧庆祝 60 万寿，到慈禧太后 60 岁生日作为一件礼品送给她。当时清政府内外困难重重，根本无力建什么花园。但在李莲英等人的主持下，竟然将每年提出二百万两白银建立海军的经费作为建造颐和园的费用。并首具下谕，开海军报效捐官例。凡是报效海军经费实银七千两的，作一万两算，赏一个即选知县做。就这样，先把部里历年积蓄下来的海军经费一万两银子提出应用，又在报效海军经费项下收得四五百万两银子，各王公大臣报效银两的，你 10 万、我 20 万不止。在西安作将军的荣禄，报效 25 万两，算是送给慈禧太后的寿礼，结果换得了一个调进京城入军机处的好处。这时曹鸿勋与王仁堪联名上书为减少国家财政开支建议停修颐和园，他们的这一正确要求没有得到当权者的回音。这年户部尚书阎敬铭，为了讨好皇太后，到年底造册子的时候，便把许多闲款项一古脑儿都报进去，作为正款。慈禧太后一看，忽然凭空比往年多出七百多万款子来，便吩咐把这笔款子提进来，一并充作建颐和园经费。到光绪十九年一座富丽堂皇的颐和园便建成了，总共花费白银一千七百多万两。

这时的清政府，国库亏空，经济下降。日本对中国虎视眈眈，战火一触即发。郑州地区连年灾荒，民不聊生，老百姓为了生活和抗拒政府的捐税，农民揭竿而起。就在这国家内外困难重重的关键时刻，曹鸿勋会同兵部尚书徐会沣以及同年高赓恩等六七个人，以民族气节砥砺并联名上书言事，提出自己安邦救国的主张，并对中日战争的"战"、"和"痛陈利害。结果他们这种爱国行为，得罪了当时处理国事的主要人物，从而招致了对曹鸿勋的不满。为此将曹鸿勋从京城赶了出去，命他到陕西省任正考官，后又任江南副考官，时年曹鸿勋 44 岁。

光绪二十年（1894 年）正是皇太后慈禧的 60 大寿，此时颐和园早已建成，慈禧太后的寿辰大礼打算就在这里举行。谁知到了光绪甲午年（1894年）六月便和日本开了战，致使这座为慈禧60大寿而建造的园子没有用上。但庆贺大典依然由荣禄、奕欣主持操办，满清群臣无不送礼祝贺。在庆典期间慈禧忽然看见了一幅大红贺幛，字写得格外醒目，近前看时方知是恩科状元曹鸿勋所书。问及此人现在何处时，答曰现任江南副考官，因"老佛爷"特别喜欢曹氏的书法，事后便将曹鸿勋调回京师，授詹事府右春坊右赞善之职，翌年转左春坊左赞善。

　　光绪二十二年（1896年）正月，曹鸿勋简授云南遗缺知府。云贵总督崧蕃奏补曹氏为永昌府。曹鸿勋到任后按照自己的设想，制定了一套制度，想施展自己的才能，安抚一方百姓，做一名忠君爱民的清官，在清朝政府的官吏中做一名表率，以此影响他人，改变政府的形象。于是他到达官邸之后，立即深入各地体察民情，了解情况，改革了许多不合理的制度，减免了一些不应交纳的税收，深得百姓的赞扬。在任上，他查阅了大量的卷宗，把过去未了结的案子立即了结，并把以前的冤案、假案及错案全部予以更正平反，深得百姓爱戴。另一方面，曹鸿勋号召民众发展生产，并对在搞生产方面有功者实行奖励制度，对灾民则实行以工代赈的办法，兴修水利，改善了老百姓的生活。他的努力不但得到当地百姓的赞扬和爱戴，也得到了上司的重视。他的上峰认为曹鸿勋绝非平庸之辈，在不到一年的时间，就将他调署云南府任知府。曹鸿勋到任以后，便根据云南各地的不同情况，制定不同的治理制度，决心把边疆地区建设成为繁荣富强的家园。就在他准备实施计划时，光绪二十三年（1897年）曹鸿勋被荐擢升云南迤东道，旋署粮储道。

　　在此期间，慈禧太后召见翁同龢，对翁同龢说，要把曹鸿勋调进宫内为官，并且已经签署手谕。翁同龢回皇太后说："曹鸿勋刚刚调任云南，并在云南工作得非常出色。"皇太后听了只好作罢，从这件事足以证明曹鸿勋这个状元，在慈禧太后的心目中是有一定地位的。

光绪二十七年（1901年）曹鸿勋得旨授贵州按察使从二品。到任后他便日以继夜的工作，在不到两个月的时间里，他便把前任累年不结的大案、要案清理了十多起。另外曹鸿勋非常注重调查研究，一有空闲他便游历乡曲，询悉民间疾苦。凡有益于百姓的民生之事，无不以身任之。他为官的宗旨是"为官一任，造福一方"，因此他每到一地，总先体察民情，以解决百姓疾苦为己任。用曹鸿勋自己的话说，他最痛恶的是贪官污吏，最敬重的是养活天下人的农夫。由于他出色的工作成绩，在此期间他不断得到上峰的表彰。

曹鸿勋其人有一癖好，嗜酒如命，狂饮不节。工作之余以酒解劳，久而久之不免伤身，再加上工作繁忙，无暇充分休息，积劳成疾，积酒成病。在此期间病倒在任上，幸被当地一位万姓医师治愈。后来他与这位医师成为很好的朋友，并从他那里学得不少医学知识。

光绪二十九年（1903年）曹鸿勋被升任贵州布政使，接着命他暂署贵州巡抚，时年58岁。

曹鸿勋在任贵州巡抚期间，正值广西与丹士州地方"游匪"作乱，曹鸿勋奉旨剿匪。这可难坏了曹鸿勋，因为曹氏知道，所谓"游匪"无非是官逼反民，腐败的政府实行百姓难以忍受的制度，人们不得不反。然而身为朝廷命官，"忠君"是臣子的天职，不能抗旨不遵，于是曹鸿勋便采取了大军压境，围而不攻，虚张声势的消极办法，迫使"游匪"转移，而告南丹游匪平矣。

由于所谓的"剿匪"有功，在光绪三十一年（1905年）正月，曹鸿勋被补湖南布政使，并得到慈禧太后的嘉奖，同月内又升为陕西巡抚。

曹鸿勋为官的时代，正是满清政府内外交困的时期。在他任职云南时，外国列强瓜分中国，大臣李鸿章遵慈禧太后的懿旨，同外国签订了丧权辱国的各种不平等条约：1876年与英国签订的《烟台条约》或称《滇案条约》、《芝罘条约》，1885年与法国签订的《中法新约》，1895年与日本签订的《马关条约》，1896年与俄国签订的《中俄密约》。1901年与英、美、俄、法、德、日、意、奥、西、比、荷等国在北京签订《辛丑条约》等等多种不平等条约，使中国半殖民地化的程度逐步加深，在中国老百姓头上不但是封建主义的压迫，又加上了帝国主义列强的侵略，使老百姓生活在水深火热之中。为了反抗这种压迫和侵略，各地不断发动农民起义，曹鸿勋所谓剿匪南丹的仅仅是小股。1891年热河人民不堪洋教的欺压和封建统治者的搜刮，发动了"金丹道起义"。四川人民反对外国侵略，不堪传教士的欺凌和封建官府的为虎作伥，发动了"余栋臣起义"。曹州的"巨野教案"，以及后来的"义和拳"、"红灯照"、"平原起义"等农民起义。清政府对这些农民起义和进步的爱国反帝活动一律反对和镇压。任职陕西的曹鸿勋看在眼里，恨在心中，他对中国当时的局势无能为力。由于外国势力的侵入，曹鸿勋认识到了帝国主义为什么如此强大，是因为他们经济实力雄厚，工农业生产先进。他认识到在中国固守封建主义那一套是绝对不行的，中国要改良，中国要前进，学习外国人的先进技术势在必行。他认为中国新兴的资产阶级改良主义和维新思想是正确的，不能再让腐朽没落的政策继续下去了，必须要改良。为此他上书奏请试办延长油矿，并允许来陕西交涉开发铜矿的德国人晋见，试图同外国人合办实业，以此来发展中国的经济。这种先进的思想在当时清政府中，一般官吏是没有的，说明曹氏具有开拓精神，用先进的生产方式改变中国的落后状态。

当时凡有新政实施，如铁路、公路的修建，矿藏的开发等，都是以扰民为先，以增加赋税、劳役为主，也是政府官员大发横财的好机会。因此新政一施，民众叫苦连天。而曹鸿勋有鉴于此，他规定，在陕西不增加田赋和苛捐杂税，不增加额外劳役。但是他的属下并不完全按照他的政策办事，而在暗中勒索百姓，借此机会大发横财。因而民众对贪官不满便聚集不明真相的群众掀铁路、截电线，以示反对。曹鸿勋知道后，便对贪官污吏进行严办，对带头闹事破坏公共设施者逮捕法办，以教育民众，惩治贪官，平息了民愤。老百姓对曹鸿勋的做法大加赞扬。

光绪三十三年（1907年），在他62岁的时候，由于个别家人违法，给他人以借口，曹鸿勋被参劾，八月撤职调京。曹鸿勋为官几十年不贪污，不受贿赂，每自言曰："居官而贪，万事瓦裂矣。"他对上司也不送礼，对属下管束甚严，他的这种作风是满朝尽知的。因此被参劾后，慈禧太后只调充曹氏为资政院协理，没有治他的罪。从此后曹氏便过着安逸养老的生活。为此他自撰一联，挂于堂上："已收长佩趋高座，独闭空斋画大圜。"把他当时的心情描绘尽致。

四

曹鸿勋自幼便开始学习书法，而且在书法上下过很大的功夫，他的书法在清代末年堪称一绝，在某种程度上高于他的政绩。幼习唐人楷书，对欧阳询、虞世南、褚遂良等大书法家学得出神入化。楷书习欧、虞，行草宗董其昌、赵文敏，隶书法汉碑，得其精髓，几乎乱真。曹氏书法老益浑朴。莱阳王塽乃其入室弟子。王塽是清末民初著名书法家，《中国书画家大辞典》有传。

　　前面曾提到，少年时期的曹鸿勋曾在潍县东关鄣六宅家做过伴读书僮，当时曹鸿勋的书法已很见功力，鄣家老爷曾让曹鸿勋为他家厅堂写过六折屏，因当时曹氏是他家的书童，因此不准他落下款。以后曹氏中状元后，鄣家后悔当初屏上没题曹鸿勋。邑人讥笑鄣家编了四句话："一恨姓鄣不姓陈（如姓陈就可与陈介祺同宗），二恨大门不入人（鄣家虽有钱但与城里官宦人家比门楣上没有功名牌匾），三恨家中无学子（家中子孙没有一个学业有成的），四恨屏上没题曹鸿勋（指曹氏在他家做伴读书僮时写的那没让题款的屏风）。"这段故事既讽刺了财主死要面子，又说明了曹鸿勋早年书法已臻成熟。

　　本文曾提到曹鸿勋的义父大金石家陈介祺。他俩的交往是一个偶然的机会，与曹氏的书法大有关系。事情是这样的：少年时代的曹鸿勋，书法已很成熟，本邑西城有一座庙，叫"文昌阁"供奉文昌帝君。这座庙每年春节，山门上边的对联都是请陈介祺书写。这年腊月三十，陈介祺乘轿去东关，回来途中忽然想起文昌阁的主持今年没去送纸写春联，便来到了文昌阁。至时见大门上已经贴了春联，并且书法功力极精。陈氏在门前看了多时，连连称妙，但此联出于谁人之手，他却猜不出，便登门入室，大主持见陈介祺亲自造访，便让进客堂，请陈介祺示下。陈氏问："山门上的春联，何人所书？"主持答曰："昨天裁好纸后正想送去府上，恰巧有一个常来此玩耍的学生又来了，见案上裁好对子纸，便要为本寺写春联，我又不好推辞，便让他写了，一看字写得非常之好，我想就不必再去府上打扰您老人家了。"陈介祺问及何人，答曰："南关新巷子姓曹名鸿勋，是个学生。"陈介祺对其书法赞扬了一番便离开了文昌阁。回到家后心中总放不下曹鸿勋这个名字。起更时分，他便吩咐管家去南关新巷子请曹鸿勋来府一叙，并嘱咐一定要对人家客气。管家去到曹家说明来意。曹氏母子非常惊喜。城里陈家乃是"相府"，陈介祺在潍县是赫赫有名的"大花翎"，除夕之夜派人来请，这到底是为了什么。曹母便给儿子换上了过年的衣服，乘车去了陈家。管家引进客堂后，曹鸿勋便大礼参拜了陈介祺。陈氏见面前这一书生，一表人才，谈吐不凡，举手投足，落落大方，礼节周到，文雅潇洒。心中十分喜爱，叙谈多时，着人送回家去，并赠送曹家不少年货。从此之后，陈介祺把曹鸿勋收为弟子，后又收为义子，并让曹鸿勋到家馆读书。特请王之翰（当时翰林）先生教授。一副春联引出了这段轶事。

陈介祺的家庙坐落在北门大街，陈氏为了家庙这块牌匾的题写，不知聘请过多少名家，众多书家所题写的"陈氏家庙"这四个字，摆在一起，相比之下皆不及曹鸿勋书写的工整有力，陈介祺故而采用。

曹鸿勋的书法艺术，在他还没中状元之前就名扬书坛，被时人称颂，如能得到只言片纸也引为幸事。光绪丙子（1876年），曹鸿勋参加殿试。当时浙江学子冯文蔚书法卓著，文章惊人，在江南一带号称才子，自以为此次殿试不作第二人，状元的桂冠一定落到自己头上。没想到发榜时，曹鸿勋竟然名列榜首，独占了鳌头。南人心中不服，及考卷悬出时，见曹鸿勋的书法和文章确实高出自己一筹，叹曰："是真山东人吃馒头者，我辈瞠乎后矣。"曹氏的书法，一时被视为学子规范，尤其是他的书法被慈禧太后看重，所以故宫内殿、堂、馆、斋及颐和园内留有不少曹氏笔迹。

当年曹氏在翰林院做修撰时，京城内的皇室大臣、巨贾名流前来求书者颇多，曹氏本人卖字换银贴补开销已是常事。一次他摹仿明代大家董其昌的笔法书写对联一副，这副"董书"赝品流于市井之后，正巧被光绪皇帝的老师、尚书翁同龢误认为真迹以重金购得，藏于书斋，秘不示人。这年翁同龢做寿，前来祝寿的众多门人乘酒兴要求老师拿出所得董其昌对联一饱眼福，翁同龢乘兴将所得"珍品"出示众人。众人看罢皆连连称"妙"，而曹鸿勋性情耿直，未假思索便脱口而出说："此联乃学生拟写的。"一言出口，惊呆满堂。在大庭广众之下，翁同龢几乎认为自己听错，又问一句："你说什么？"曹鸿勋已无法改口，但也认识到自己说话太直了，仍回答："此乃学生所拟。"翁同龢不认为自己鉴定有误，命下人笔墨摆下，当场命曹鸿勋照样写来，曹鸿勋只好提笔挥毫，照写了一幅果然与董无异，翁同龢与众人看罢都点头称赞。但翁同龢的脸上却变了颜色，嘴里哼了一声拂袖而去。从此后再不见曹鸿勋了。

曹鸿勋的书法艺术自光绪至今的书坛上享有盛名，他的墨迹遍及大江南北，而在他的家乡——潍县较多，如"陈氏家庙"、"裕仁堂药店"、"王之翰墓碑"、"酆孝子碑"、"重修观音阁碑"（现藏于十笏园）、"重修玉清宫碑"（俗称四面碑）、"十笏园记"（现藏十笏园）。另有"孟松野墓志铭"、"王之翰墓志铭"、"孙凤翔墓志铭"、"丁善宝墓志铭"、"张兆楷墓志铭"、"张湘帆子房墓志铭"、"孙葆田墓志铭"等，这些碑碣石刻大都用欧、虞、褚体楷书写成，许多拓本为后来学书者作为楷模。为此潍县绅士丁星甫先生寄函陕西，求在陕西任巡抚的表兄曹鸿勋书写唐代名碑

《九成宫醴泉铭》，曹鸿勋接到信后立即临摹此碑寄给表弟丁星甫，丁氏马上刻勒上石以为后学楷模。这是在光绪二十二年的事情。后来潍县学者王恒庆的跋语中这样写道："曹仲铭中丞，早岁学率更令，能得其神。大魁多士，后学者靡不从风。自丁丑以迄甲辰，吾乡登甲科入翰苑者，悉仿其书，为一时之佳话。洎其出守封疆，求书非易。星甫寄函请其书《九成宫醴泉铭》，将勒诸石，以为后学楷模。不数日，竟书成寄来。星甫爰觅良工双钩上石，以公同好。殆不欲秘而藏之为己有也，其用意诚善哉！"（《九成宫醴泉铭》，唐碑，魏徵撰文，欧阳询正书，古代著名碑刻。太宗贞观六年〈公元632年〉立。碑文记载唐太宗在九成宫避暑时发现涌泉的事。其书法度森严，腴润中见峭劲，为欧阳询晚年得意之作，历来被学书者所推重。石在陕西麟游。曹鸿勋临摹此碑几可乱真。此石现藏于潍坊市博物馆。）

另外曹氏所书写的条幅、对联、中堂、大小屏风、扇面、斗方等书作，大都流散在民间，惜乎"十年动乱"大都不复存在，今得其真迹片纸者视为珍宝。晚年他的书体有所变化，更为古拙苍劲，自成一格。曹氏嗜酒，酒后挥毫风格别具。潍邑有画家刘嘉颖者，他的画名震全城，有人把曹、刘二人之书画作品装裱在一起誉为"北海二妙"。

曹鸿勋非但书法出众，诗文也不同凡响，著有《益经堂诗稿》、《校经堂文集》等著作，惜已失传不得复见。

综其上述，曹鸿勋一生清贫，虽为高官，不贪污，不受贿，性直口快。对上峰不送礼，不阿谀，生活简朴，鄙视腐化生活，对官场中那一套腐朽的生活作风恨之入骨。对百姓则爱民如子，对丧权辱国者不骂不快，说他们白披了一张中国人的皮。当时清政府的官员，可谓无官不贪，无吏不污。因此在当时那种环境中，同僚们很少有人喜欢他，更得不到清政府的青睐。虽然官至封疆大吏，仍然过着清贫的生活。他自己不会发财，也不想发财。身为状元出身，家乡却不曾建有状元府第，连住的房子也是借的。这是他的品德决定的。因此这位身居高官的状元郎，家乡人民是非常崇敬他的。

由于他一生耿直、勤奋，无论在学业、政绩、为人、处事、治学等各方面，都做出了突出的成就，可谓后人之楷模。因此晚清以来记述曹鸿勋事迹的书籍很多，如：《中国近现代人物名号大辞典》、《清代状元谱》、《宋元明清书画家年表》、《清代七百名人传》、《中国书画家大辞典》等书籍中，都记述了曹鸿勋的大名。尤其是蔡冠洛先生编著的《清代七百名人传》中，把曹鸿勋评价很高，写了他的政绩和学术成就，而且对他的道德修养大加赞赏。可见曹鸿勋这个人物在当时就很有影响。

宣统二年（1910年），65岁的曹鸿勋去官由陕西回到北京协理开办资政院的工作，实际上已经是去官养老了。他在协理开办资政院期间，无事可做，性嗜痛饮且贪杯，一次与友合饮，饮酒过量，酒后痰疾，于九月九日晚与世长辞。死后皇上降旨，撤销了对他的处分，葬礼仍按中丞葬恤。从此一代名流曹鸿勋在人间消失了，但他一生的事迹却永远地留在了人间。他的名字永垂青史，人们是永远不会忘记的。

最后我想用前贤王荫斋先生的一首七绝来结束本文，诗曰：

> 曾作金鳌顶上人，
> 又持节钺抚西秦。
> 高官显贵都亲见，
> 仍与书生一样贫。

簠斋公自撰手书楹联

陈秉忱　辑注

大厅楹联（明柱）

曾种桃花不知汉魏　犹存松菊自谓羲皇

早年手书木刻板

过厅（前门）

开卷直游千载上　闭门如在万山中

过厅（后门）

霁日和风丽绛霄　金钟大镛在东序

二门　　通内院

惟愿天常生忠孝　须知人可为圣贤

上房中门

山川出云作霖雨　日月合璧为文章

东书房

静寄东轩

翟云升隶书木刻匾额

书味养心存赤气

墨华传古附青云

木刻朱拓实贴门上

里间门上木刻额　为祜曾公书

静专书塾

西书房

敬宽书屋

早年书木刻额

小斜川

早年书石刻嵌小厅房院内通西书房门上，斜川为陶渊明所居地

平台屋　书房

梅子真能为大隐　柳公绰不离小斋

以上楹联均为光绪甲申手书春联糊于木框上的，逝世后均摹刻为木板对联。

梅子真即梅福，世传梅福为地仙。梅福西汉避王莽之篡隐居，《汉书》有传。

山东省潍坊市
潍城陈大观家族世系简表

（玖思堂二支　陈祥桂世系）

始祖	二世	三世	四世	五世	六世
大观————	友直————	士举————	瑄————	軓————	昌
原籍河北沧州，			明　廪生		明　赐省祭官
明初以先世元					
季知潍州，遂					
家焉。					

七世	八世	九世	十世	十一世
————绥————	懿试————	三复————	堿————	廷奏
明　省祭官	明　赐登仕朗	明　庠生		

十二世	十三世	十四世	十五世	
————骥————	洪彝————	瑗————	祥桂————	（接表 2/4）
清　太学生	清　附贡生	清　庠生	清　诰赠光禄大夫	

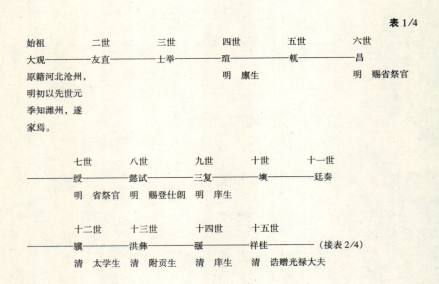

十五世	十六世	十七世	十八世	十九世	二十世	二十一世	二十二世	二十三世

表 2/4

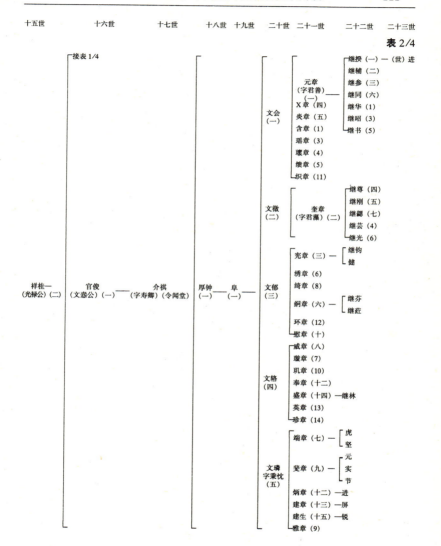

接表 1/4

祥桂一 (光禄公)(二) ── 官俊 (文悫公)(一) ── 介祺 (字寿卿)(令闻堂) ── 厚钟 (一) ── 阜 (一)

文会 (一)
　元章 (字君善)(一) ──
　　继揆 (一)一(世)进
　　继辅 (二)
　　继参 (三)
　　继同 (六)
　　继华 (1)
　　继昭 (3)
　　继书 (5)
　X章 (四)
　炎章 (五)
　含章 (1)
　瑶章 (3)
　璟章 (4)
　缵章 (5)
　织章 (11)

文徵 (二)
　奎章 (字君藻)(二)
　　继尊 (四)
　　继刚 (五)
　　继鲲 (七)
　　继芸 (4)
　　继光 (6)

文郁 (三)
　宪章 (三)一
　　继钧
　　健
　绣章 (6)
　绮章 (8)
　纲章 (六)一
　　继芬
　　继莊
　环章 (12)
　慰章 (十)

文格 (四)
　威章 (八)
　璇章 (7)
　玑章 (10)
　奉章 (十二)
　盛章 (十四)一继林
　英章 (13)
　珍章 (14)

文璘 字秉忱 (五)
　端章 (七)一
　　虎
　　坚
　斐章 (九)一
　　元
　　实
　　节
　炳章 (十二)一进
　建章 (十三)一屏
　建生 (十五)一锐
　雅章 (9)

十五世　　　　十六世　　　　十七世　　　　十八世　　　　十九世　　　二十世　　二十一世　二十二世

表 3/4

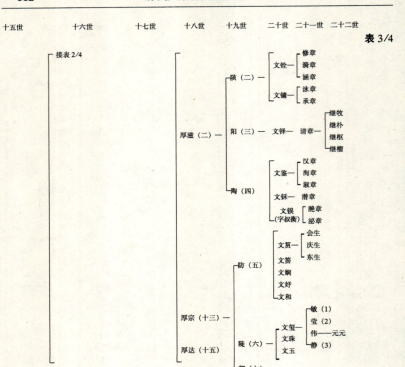

表4/4

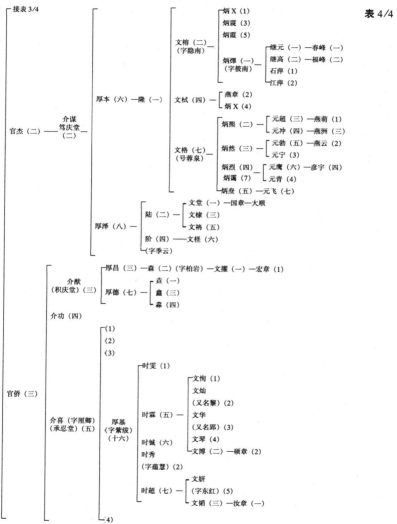

十六世　　　　十七世　　十八世　　十九世　　二十世　　二十一世　　二十二世　　二十三世

注：表中中文序号表示男性，阿拉伯序号表示女性。

整理：令闻堂部分：绹章、端章；笃庆堂部分：炳燡、炳熙；积庆堂、承忍堂部分：时秀、时超。

校核：时超

潍城《清代科甲出身名录》
中的陈氏家族成员

邓　华　整理

一、进士科

1. 顺治六年（1649 年）己丑科：陈兆鸾，仕至河南彰德府知府。

2. 嘉庆十三年（1808 年）戊辰科：陈官俊，字伟堂。由庶吉士授编修，仕至协办大学士、吏部尚书。

3. 嘉庆十六年（1811 年）辛未科：陈述径，仕至浙江衢州府峡口同知。

4. 嘉庆十九年（1814 年）甲戌科：陈凤翰，福建邵武府知府，署福建盐法道。陈述芹，广东会同县知县。

5. 道光十二年（1832 年）壬辰恩科：陈官义，江西丰城县知县，署南康府同知。

6. 道光十三年（1833 年）癸巳科：陈应聘，仕至广东新会县知县署韶州府知府。（陈德昌之祖父）

7. 道光十八年（1838 年）戊戌科：陈阡，仕至江西巡抚。

8. 道光二十五年（1845 年）乙巳恩科：陈介祺，翰林院编修，三品卿衔。后加一品，赏戴双眼大花翎。

9. 咸丰二年（1852 年）壬子恩科：陈介猷，翰林院庶吉士。

10．咸丰六年（1856 年）丙辰科：陈传奎，仕至工部都水司郎中。

11．光绪十二年（1886 年）丙戌科：陈恒庆，仕至锦州府知府。

12．光绪二十一年（1896 年）乙未科：陈翰声，河南舞阳县知县。

13．光绪二十九年（1903 年）癸卯科：陈德昌，广东河源县知县。

14．光绪三十年（1904 年）甲辰恩科：陈蛰声，礼部祀祭司员外郎，改补典礼院恩恤科科长。陈世昌，工部候补主事调吏部文选司。

二、举人科

1．顺治三年（1646 年）丙戌科：陈兆鸾

2．顺治八年（1651 年）辛卯科：陈祝升

3．乾隆五十四年（1789 年）己酉科：陈廷钰

4．嘉庆五年（1800 年）庚申恩科：陈官俊　陈述径

5．嘉庆六年（1801 年）辛酉科：陈述东

6．嘉庆十八年（1813 年）癸酉科：陈国瑞　陈述芹　陈凤翰

7．嘉庆二十一年（1816 年）丙子科：陈官贤　陈文斗　陈子饬

8．嘉庆二十三年（1818 年）戊寅恩科：陈述贤

9．嘉庆二十四年（1819 年）己卯科：陈钺

10．道光元年（1821 年）辛巳恩科：陈官义

11．道光二年（1822 年）壬午科：陈圩

12．道光五年（1825 年）乙酉科：陈应芬

13．道光八年（1828 年）戊子科：陈应奎　陈应聘

14．道光十二年（1832 年）壬辰科：陈应枢

15．道光十五年（1835 年）乙未恩科：陈介祺

16．道光十七年（1837 年）丁酉科：陈官侨

17．道光十九年（1839 年）己亥科：陈象枢　陈象轸

18．道光二十年（1840 年）庚子恩科：陈子懿

19．道光二十四年（1844 年）甲辰恩科：陈鸿飞

20．道光二十六年（1846 年）丙戌科：陈介猷

21．道光二十九年（1849 年）己酉科：陈厚钟

22．咸丰元年（1851 年）辛亥恩科：陈介侯　陈官良　陈介璋

23．咸丰二年（1852 年）壬子科：陈传奎

24．咸丰八年（1858 年）戊午科：陈厚滋

25．同治九年（1870 年）庚午并补丁卯科：陈象昺

26．同治十二年（1873 年）癸酉科：陈恒庆

27．光绪八年（1882 年）壬午科：陈传弼

28．光绪十四年（1888 年）戊子科：陈家让

29．光绪十五年（1889 年）己丑恩科：陈梦庚　陈家声

30．光绪十七年（1891 年）辛卯科：陈蜚声　陈翰声　陈世昌

31．光绪二十八年（1902 年）壬寅补行庚子辛丑恩正并科：陈嘉实　陈晋宸　陈贻馨　陈德昌

32．光绪二十九年（1903 年）陈绯彬

三、贡生名录

光绪元年——宣统二年（1875—1910 年）

1. 拔贡：陈厚德　陈　陶　陈　萧
2. 副贡：陈传弼　陈有庆　陈德昌
3. 优贡：陈家声　陈　阳　陈履善
4. 岁贡：陈咸庆　陈彝鉴　陈世恩　陈介绍
5. 恩贡：陈荣恩

潍城陈氏世家简史

邓 华

潍坊，宋元时期称潍州，明清称潍县，县治设在潍城。明清以来，六百年历史风云中出现了丁、陈、郭、张四大名门望族。他们在潍城宗脉相继、瓜瓞繁衍、支派纷呈，成为豪门大户。这些家族，多以书香继世，官宦连甲，人才辈出。到清代中期以后，祖籍沧州的陈大观家族在潍城尤为显赫。

元朝至正八年春，陈大观任潍州刺史，携带家眷从沧州赴潍，由于未任而罢职，便寄居潍城。明洪武二年编户续民入籍，从此落地生根，留下三个儿子：友亮、友忠、友宜，称作老三支。老长支陈友亮的后裔曾集中在撞钟院附近居住，陈家老过道是其祖居地，后代散居在附近的撞钟院前街、前苇湾崖以及松园子街等处，世称撞钟院陈家。老长支在郊区的陈家村和冯家村也有后裔。老二支陈友忠的后裔分居在潍城西北郊区的赫家、西七、灶户王、臧家村、禹王台等农村。老三支陈友直的后裔最为兴旺发达，到第八世陈懿试，生下三乐、三复、三剁、三奇、三思五个儿子，俗称新五股，其中三复和三奇两股尤为兴旺。陈三复一股传到第十五世便是陈祥桂等兄弟六人，陈祥桂的三个儿子陈官俊和陈官杰、陈官侨是同胞三兄弟。陈官俊在清中期先后做过工部尚书、协办大学士（相当于副宰相），而且是道光皇帝的老师，他的独子便是清代最著名的大收藏鉴赏家、一代金石大师陈介祺，如今的万印楼陈介祺故居陈列馆和潍坊三中的大部分校园是其旧宅。

陈官俊的堂兄弟陈官义是道光进士，其胞弟陈官人的长子陈介眉曾任河南归德府知府、署开封府知府，回乡后任潍县民团团总。在率领潍县民团抗击捻军作战中"力竭捐躯"（见《潍县志稿》），潍坊博物馆后院有记载这段历史的一通石碑。陈官俊死后入大清朝廷贤良祠，陈介眉和陈介封死后入大清朝廷昭忠祠。任江西丰城县知县、署南康府知府的陈官义，举人陈官侨、陈官贤、陈官良、陈介侯、陈厚滋，任安徽池州府知府的陈介璋、任内阁中书的陈介猷等都是这一宗支的名人。

陈三奇一股也是人丁兴旺　官运亨通的主要宗支。其孙陈兆鸾是顺治六年己丑科进士，曾任河南彰德府知府，十笏园在清初曾是他的府邸。陈兆鸾的侄子、十二世陈尚志靠他的荫庇崛起，贡生出身，考授州同，相当于六品顶戴。后来，他通过官商性经营各地十几处典当行发家，成为潍城大富豪。陈尚志与先后任潍县县令的赖光表、郑板桥交往甚笃，带头捐资倡建书院，修筑城墙，深受两位县令重视。其子孙秉承家业，各有造就，并捐资修建北城石楼和潍水书院。该家族的后人至今还保留着乾隆三十九年（1774年）和道光十四年（1834年）两次分家文书。该支的主要代表人物有：嘉庆武进士陈梅岩，任浙江处州卫守备；嘉庆进士陈凤翰的三四代人中，先后有十人出身科甲。因此，家里有两块牌匾："祖孙父子兄弟科甲"、"祖孙父子兄弟叔侄科甲"。根据清朝的惯例，具备拔贡以上功名的人可在家中竖旗杆一支，金巷子陈凤翰门前曾竖有八支旗杆（院内还有两支），世称八支旗杆底陈（金巷子西段路北）；积善堂陈（布政司街西段路北）；铁梁牌坊陈（城里邮电局处是其旧址）；十三万七陈（陈汝梅，贡生出身，嘉庆六年候选州同加三级，敕封征仕郎、光禄寺典簿，六品顶戴。去世时，族人为了讲排场，迫使其家花掉十三万七千两银子出大殡，搞得典房卖地，倾家荡产）。光绪进士陈蜚声是其后代。乾隆举人陈廷钰；嘉庆举人陈钺、陈述东、陈述经、陈述芹、陈述贤、陈文斗、陈子饬；西门里三条过道同科中举的陈象枢、陈象轸、同治九年举人陈象昺兄弟；光绪举人陈梦庚、陈晋康、陈绯彬等都属这个家族。另外，这个家族经商、行医、教书甚至棋手都代有名人。陈三奇世系主要居住在北门里、金巷子、仓巷子、北马道和胡家牌坊街的十一宅过道，城北郊区的北里庄和莱章村的陈姓也属于这一世系的后裔。民国时期他们曾与十一宅过道的陈姓为争北关卧龙桥祖茔的三百棵古松柏打过官司。

　　陈大观家族老长支陈友亮后裔中，七世祖陈宗仁是明代文林郎，任洪洞县知县，钦召考授御史。八世祖陈懿训是文林郎。九世祖陈所养是敕封文林郎，任南彰县知县；陈所问也是敕封文林郎，任过广东道监察御史和真定县知县。十世祖陈祝泰是明末敕赠征仕郎，礼部右给事中，又赠儒林郎、行人司司正。十一世祖陈调元是崇祯癸未科进士，任宁津县知县，并在兵部和刑部都任过中级官员。入清后，顺治八年，陈祝升考取举人，敕封文林郎，任固安县知县。陈调元的孙子陈黻考取康熙乙酉科武举。陈黻，字绣上，亦字绣裳，号怡亭，年十九抢武魁，北上不第，遂退而学琴，经常弹奏《梦蝶操》表达他的志趣。特别善于绘画，对于国画中的山水、人物、花卉、虫鸟各臻其妙。他非常喜欢交友，不善诗而喜人吟诗，不饮酒而喜人饮酒。晚年好禅供达摩像，常诵《金刚经》，常与了心和尚谈大乘法，后无疾而终。陈黻的二儿子陈周臣，字凤梧，精骑射，虽是秀才出身却考中了康熙三年甲午（1664年）武科，任泗州卫运粮千总。家传丹青绘画，由于长期在大江南北押运粮草，亲历过许多高山大川，于皴染烘托之法颇得江山胜迹之助。后来由于始终得不到重用提拔，告归乡里，以绘画艺术为志趣，聊度晚年。十七世的陈应聘于道光十三年（1833 年）考中癸巳科进士，仕至广东新会县知县署韶州府知府，他的兄弟和堂兄弟陈应芬、陈应奎、陈应枢等也先后于道光年间中举。他的孙子陈德昌考取光绪癸卯科进士，也在广东任职，做河源县知县，所以世称其祖孙为"广东道陈家"，意思是在广东做道台的陈家。在老长支后裔中，以道光十八年进士陈阡最为显赫，他曾任福建仙游县令，政绩卓越先后提升为闽县县令，台湾鹿港同知，广信、吉安知府。后来，由福建按察使、江苏布政使，升任资政大夫、兵部侍郎、都察院右副都御史，部院提督军门、江西巡抚。同治九年（1870 年）病卒后，荣禄、赵长龄、李鸿章等亲自为他撰写了墓志铭。该家族藏有1922 年续修的《陈氏支谱》，潍坊电力公司离休干部陈锡俊、众谊汽车配件公司董事长陈祖光等人是其后裔。

陈大观家族老二支陈友忠世系，大部分居住在潍城西北郊的赫家、西七、灶户王、臧家村、禹王台等农村。可能由于受文化环境的制约，这一宗脉出现的人才较少。十一世的陈人麟，曾任过东昌府的河道千总。十七世的陈寿泰头脑聪慧，账目清晰，因而被潍城首富丁四宅聘为总管。十八世的陈国干是劳动模范出身，1960 年出席山东省农业群英大会，1964 年出席山东省农业先进集体代表大会，并是华东局劳动模范。他在赫家村任党支部书记，连任三十余年，并兼任于河乡的乡政府委员。

潍城陈大观家族老三支陈友直的发祥地在北门大街。如今看来这条狭窄如胡同的街道，在明清时期却是潍城数得上的几条大街之一。它的位置在县衙右侧，直通城墙北大门"望海门"。城门外的北关有一条"东自登莱达济西"的国属驿道，潍县驿递总铺曾设在北关。这里是钦差大臣、朝廷命官、驿递差役、达官贵人频繁往来于山东半岛的必经之地和宾息之所，也是进入潍城的咽喉之地。当时，正适我国资本主义萌芽时期，商业开始繁荣发展，北关是潍城最早的商业区，药店、药材栈、花店、绸缎庄、油坊、当铺、干货行、货栈等遍布驿道两旁。北门大街是沟通城内外买卖的必经之地。北门大街起先分南北两段，进来望海楼城门的一段，叫北门里；南段则叫"翰林院街"。陈氏家族的后裔在街道两旁聚族而居，家庙祠堂也设立在北门大街中段路西。十二祖陈尚志的后人住北门里，这里是他们发财致富的发祥地。陈祥桂世家住翰林院街，他们祖辈勤奋攻读，成为官宦之家。

在各支脉林立的陈氏古宅中，最古老并有名气的当数北门大街小学对面这个俗称"翰林院"的大院（陈氏本家称作"老大门"）。这个大院始建于明代初年，陈家始祖聘请风水先生多次占卦后选下这块风水宝地，建房定居繁衍生息。到20世纪80年代拆迁时，尚留有许多明式房屋，那时这个大院已被陈氏祖祖辈辈分家后各自分割隔离成许多小院，小院之间成为一条小胡同，后来迁进许多外姓。翰林院本应是皇帝的外朝官署，进士中的佼佼者方可入院供职，翰林们不但负责编修国史，记载皇帝起居住行等军国大事，还替代皇帝草拟册立分封文书，制造诰命圣旨等重要文件。进士在朝廷殿试中得庶吉士的优异者，才能称翰林。特别优异的翰林，还要选考进宫为皇帝、皇子讲经书，侍读伴读，成为皇子的老师。当皇子继位后，他们自然会成为皇帝最为信赖和亲近的人，帮助皇帝执掌国家大权。所以翰林院表面上看起来是有职无权的清水衙门，但却最有机会面睹天颜，又是留京结交王公大臣们的高层平台，并可与同僚们相互切磋交流、深结厚谊的最佳机构。翰林们一旦放到各地为官，上有朝廷做靠山，下有实权在握。所以，历代士子们考取进士后，都希望进翰林院供职几年。那么，小小的潍城怎么会有翰林院呢？原来，陈官俊与陈介祺父子都曾在翰林院任职，这里是他们的老宅。明末清初以来，陈祥桂兄弟六人都住在这个大院里，祥桂和儿子们住在后排九间明代草顶砖房的东头三间。据传官俊出生时，潍城满天红光，这是贵人降世的征兆。嘉庆十三年（1808 年）官俊考中戊辰科进士，经朝廷考试后，又考中庶吉士，被朝廷留在翰林院任编修。他的独子陈介祺在道光二十五年（1845 年）又考中进士，任翰林院编修。后来道光皇帝钦加侍讲学士衔，成为咸丰皇帝的伴读，并赏戴双眼花翎，晋升军功二品顶戴，诰授资政大夫。他的堂兄弟陈介猷于咸丰二年（1852 年）也因朝考优异，成为庶吉士入翰林院。潍城北门大街的陈氏"老大门"出了这么多翰林，所以当地的人们把他们的府第称为翰林院，这也是陈官俊宗脉发迹的一段历史。

　　由于各种原因，潍城陈氏家族也在历史进程的风浪中颠簸起伏，许多宗支分居外地。如：在第七世上陈子立因兵乱孤身逃到高密县北乡楚家沟；八世祖陈进举因遭荒年，于清初顺治年间又迁居高密北乡永丰屯，在那里定居三百余年，繁衍了十几世。后来，该支又有人迁到河南南阳定居。十七世陈介眉被捻军杀死后，其家眷怕受牵连，也迁往高密匿居。陈汝梅一支破落后，陈蛰声等后世迁往安丘县景芝其外祖母家居住，等等。

　　潍城陈氏家族族谱，是从明嘉靖三十八年（1559 年）创立的，到明代中后期万历甲寅年重修过一次。明末崇祯年间，陈调元带领族人重新续修，并亲自作序。陈调元字撰甫，字北溟，别号鸥盟道人。明代天启年间考取丁卯科副榜眼，崇祯癸未科进士。做过河北直隶省河间府宁津县知县，并在兵部、刑部都任过中级官员，阅历广泛。

潍城自汉代至明末，都是夯土筑城，为了抵御清兵进攻，崇祯十二年（1639年），在县令邢国玺倡议下，官民共举，发动了浩大的筑城工程，用石块重砌城墙，将土城改为石城。竣工后，陈调元受托写了《潍州新筑石城记》的碑文，立于城头。一百多年后，到了乾隆时期，由于城墙年久失修，多处崩塌，时任潍县县令的郑板桥又募捐重修潍城城墙，写下了那块著名的《修城记》石碑碑文。陈调元的《潍州新筑石城记》和郑板桥的《修城记》名闻遐迩，是潍城历史进程的两块里程碑，也是潍城历史文化的见证。

潍城陈氏家庙是清代中期嘉庆元年始建的，坐落在北门大街中段路西，与"大中丞"刘洪翱的刘氏家庙对门而建。陈氏家庙里竖有两支旗杆，挂两串红灯。刘氏家庙里也竖有两支旗杆，挂两串红灯，蔚为壮观。《陈氏祠堂碑记》，现犹存放在陈介祺故居陈列馆院内。陈氏家庙旁边曾建有光禄公祠，那是在陈官俊成为道光皇帝的协办大学士（相当于副相国）兼吏部尚书，并担任皇太子的教师，特许他在紫禁城内骑马代步以后，父以子贵，陈官俊的父亲陈祥桂受皇恩降旨，诰赠光禄大夫，建光禄祠以光耀门庭。其母夏氏也被封为一品太夫人。官俊的母亲庆祝九十大寿的时候，道光皇帝还亲赐御书"耆臣寿母"匾额一块，寿字一方，如意一柄，红绸两卷，以及金瓜钺斧仪杖，以示皇恩。

潍城陈氏家族可谓官宦世家，祖祖辈辈尊孔尚孔、熟读经书，深识文墨，几乎代代都有考中举人、进士，居官显赫的。历来县官、州官、知府、同知、守备、布政司、通政司、巡抚、道台、监察御史、漕运总督、祭官、主考官……层出不穷，戴品官员累计达八十多人。被朝廷敕封、诰封、增封孺人、恭人、宜人等三十多人。家族中书法家、画家、收藏家、作家、教授、名医等人才辈出。

陈三复的后人原居北门大街南段"老大门"，后来，陈介祺从北京回来后在增福堂街双小庙购地重建新宅，他的二子陈厚滋分家后迁居南门里路西。陈介眉、陈介锡兄弟居大十字口路南，陈介璋迁居四合头。现在，陈官俊一支大都移居北京、天津、郑州、济南等地。陈官杰、陈官侨两支的后裔多数仍居潍坊，分居在大十字口以西的预备仓和南门里。陈三奇的后人在清初至民国时期分居在布政司街、西门里、北门大街、金巷子、仓巷子、胡家牌坊、城隍庙街、北马道等一个个深宅大院里，一般都建有青砖瓦房四合院，显贵之家还有三进院落或连环院落，并建有庙宇式的拔台子大厦屋。院内有花园、更道、夹壁墙、地下甬道、马厩等。并在街面上竖有旗杆和各种牌坊、节孝坊等，极尽门庭之荣耀。

六百年斗转星移，六百年风雨剥蚀。时代变革的大潮重重荡涤了陈氏世家豪宅的繁荣。如今，人们只能在斜阳草树、寻常巷陌中，透过历史沧桑去寻找昔日那繁华兴盛的残迹，品味潍坊历史文化那深厚的积淀。

陈介祺世家的重要历史人物

邓 华

陈官俊小传

陈官俊（？—1849 年）字伟堂。清吏部尚书、协办大学士。潍县城里人。

官俊生于殷实之家，考取进士后，点庶吉士，又授编修。清嘉庆十七年（1812 年）大考二等，升右春坊右赞善、左赞善。嘉庆二十一年（1816 年），入直上书房。嘉庆二十三年（1818 年）大考二等，迁司经局洗马，升翰林院侍讲。以后累迁提督山西学政、侍读、右春坊右庶子、侍讲学士、詹事府詹事、内阁学士、礼部左、右侍郎、工部尚书。道光十九年（1839 年），因受弹劾，经吏议革职。清宣宗旻宁看到部议奏章后，念其旧情谊，授意枢臣宽宥。革职不到一年，即起用为通政使司通政使，以后又累擢户部侍郎、兵部尚书、礼部尚书、工部尚书。道光二十七年（1847 年），其母夏氏 90 岁寿辰，清宣宗御书"耆臣寿母"匾额与"福、寿"字，并赏赐珍奇寿礼，以示殊荣。不久，擢官俊为吏部尚书、协办大学士、上书房总师傅。并恩准他在紫禁城骑马。

陈官俊在上书房授读时，旻宁在上书房读书。登基后，复使皇长子奕纬从官俊读书，官俊认真教授。故宣宗对官俊礼遇有加。

　　道光二十九年（1849 年），官俊逝于任上。朝廷恩礼有加，悼惜良深，追赠太子太保，入祀贤良祠。

——摘自《潍坊市志》

附：《清史稿》卷三百六十五
列传一百五十二　　陈官俊

　　陈官俊，字伟堂，山东潍县人。嘉庆十三年进士，选庶吉士，授编修，迁赞善。二十一年，入直上书房。大考二等，擢洗马，累迁右庶子。典陕西乡试，督山西学政。道光元年，命各省明定陋规，中外臣工多言窒碍，官俊亦疏陈不可行，诏嘉之，子议叙。会密谕留心察访官吏贤否、政治得失，官俊恃曾直内廷为宣宗所眷，意气甚张。寻迁侍讲学士，命回京，仍直上书房。山西巡抚成格追劾官俊在学政任殴差买妾，妄作威福，大开奔竞。上以官俊于殴差买妾已自承不讳，曾荐举魏元烺、邱鸣泰，人材尚不缪；惟所述太监往河东查访盐务控案，事出无稽，解职就质，命长龄道出山西，传旨面诘成格，亦以不能指实引咎，遂两斥之。

　　官俊降编修，罢直上书房。连典贵州、江西乡试，历中允、祭酒、侍讲学士、内阁学士。十六年，授礼部侍郎，调吏部。十九年，擢工部尚书。东陵郎中庆玉侵帑籍没，主事全孚预告，多所寄顿。事觉，语由官俊闲谈漏泄，回奏复讳饰，诏斥失大臣体，褫职。二十一年，起为通政使。历户部、吏部侍郎，管理三库。擢礼部尚书，调工部。二十四年，以吏部尚书协办大学士。

　　官俊再起，历典乡会试、殿廷御试，每与衡校。充上书房总师傅。编修童福承素无行，直上书房授皇子读。给事中陈坛劾之，语及福承为官俊妻作祭文，措词过当。福承遣黜，诏斥官俊容隐不奏，罢总师傅，议降三级调用，从宽留任。二十九年，卒，优诏赐恤，称其心田坦白，赠太子太保，入祀贤良祠，谥文悫。赐其孙厚钟、厚滋并为举人。

官俊初直上书房，授宣宗长子奕纬读，宣宗嘉其训迪有方。后皇长子逾冠而薨，上深以为恫，故遇官俊特厚，屡获咎而恩礼始终不衰。

子介祺，道光二十五年进士，官编修。咸丰中，助军饷，加侍讲学士衔。后在籍治团练，守城，赈饥，赐二品顶戴。介祺绩学好古，所藏钟鼎、彝器、金石为近代之冠。

陈官人与陈介眉父子

在潍城陈大观世家中，陈官人是十五世祖陈祥桂之兄祥年的次子，是陈官俊的堂兄弟。其兄陈官义是道光元年（1821年）辛巳恩科举人，道光十二年（1832年）壬辰恩科进士，江西丰城县知县，署南康府同知，其子名介坤。陈官人有长子陈介眉和次子陈介锡。陈介眉是道光丁酉科拔贡，朝考一等第一名，以知县分发，先后任江苏常熟、仪征、宿迁、江宁、桃源等县知县。特授河南归德府（今商丘市）知府，署理开封府知府。陈介眉与陈介祺是从堂兄弟。

清咸丰十年（1860年）陈介眉卸任返乡，故居在潍城布政司街东段到大十子口。这一年，由于捻军开始入山东作战，潍县知县张楷枝在县城考院（今市立二院旧址）设团练总局，作为抗击捻军的指挥机构，聘陈介眉任团总，指挥团练总局在城关设立的十个民团。第二年三月底，太平天国燕王张宗禹率领十万大兵进入县境，首先击溃了举人亓祈年在远里庄的民团防线。4月1日，连续攻破集义、力义、信义、成义四个民团防线，乘胜进入城西三里庄，兵临潍城郊区。团总陈介眉带领城内民团出城迎战，在三里庄附近与太平军展开激战。陈介眉和堂弟陈介封等26名民团首领、170多名团勇被砍杀，其余民团退入城内与清兵一起死守。太平军乘势冲杀到城下，攻城不克，向东南方向撤围离去。

潍坊市博物馆（十笏园）后院留有记载这段历史的一通石碑。陈介眉、陈介封战死沙场后，清朝廷追认他们为英烈，牌位供奉在京师昭忠祠（今北京地安门附近）。

陈介锡小传

陈介锡是陈官人的次子，陈介眉的胞弟，也是陈介祺的从堂兄弟，字晋卿，贡生出身。他生于清代中期，正是家道兴旺之际，酷爱收藏名人字画。在陈家的十几位堂兄弟和从堂兄弟中，他与陈介祺关系是最亲密的一个。他们有着共同的家庭背景，共同的收藏嗜好，共同高雅的鉴赏水平，互相交流切磋，互相探讨，志同道合。在大半生的交往中，友谊深厚。凡是打听到哪里存有名人字画，即使遥在几百里外，陈介锡总是不辞劳顿，前往搜求，不惜重金购买或以家藏珍宝古玩交换。当他从陈子懿后人家里买到77册《桑梓之遗》画册后，异常兴奋，并将自己多年收藏的字画照此装裱成册，续为后集。后来又经多年奔波搜集，终于在晚年凑足100册之巨，不愧为集山东名人字画大成的一部巨书。

其兄陈介眉被杀后，举家迁往高密避难。陈介锡家也逐渐衰落，但他矢志不渝，后半生的精力大都用于这部巨册的续编、研究和著述。他的著作有：《桑梓之遗目录》十卷、《桑梓之遗录文》十卷、《桑梓之遗考略》一百卷、《文石杂识》二卷、《文石山房诗钞》二卷。

至今，经过近150年的改朝换代、内忧外侵等沧桑巨变，这套珍贵的巨型书画集已散失殆尽。新中国成立初期，有人从北京购到一册，现存于潍坊市博物馆。几代收藏家费尽家财心血搜集的《桑梓之遗》，是齐鲁之邦文化的结晶，如今魂归何处？我们期待它长留人间，重见天日。

当今八十多岁的陈凤楼，是陈介锡的嫡传后裔。

陈厚钟、陈厚滋与陈阜

陈厚钟和陈厚滋是陈介祺的长子和次子。厚钟字德念，堂号令闻堂。道光二十九年（1849年）举人。厚滋是咸丰八年（1858年）举人，敕授征仕郎，字树德，堂号令怡堂。作为长子的陈厚钟自然是产业的主要继承人，与父亲住在一起，府第在现万印楼和潍坊三中处。毛公鼎和七千余方三代印玺都传给了他这一宗支，但厚钟1871年病逝，早于父亲介祺之前十三年去世，所以他的影响较小。

厚滋是陈介祺的主要助手，帮助编目整理各种收藏品，钤印浩繁庞大的《十钟山房印举》，他起到重大作用。他的宅第在南门里（今向阳路南段路西），曾伯霥簠、迟簋等一批商周青铜器传到他的宗支。新中国成立后，经他的孙媳郭祖珍捐献给国家，现存国家博物馆。陈厚滋的书法很好，留下不少墨迹。

陈阜是厚钟之子，陈介祺的长房长孙，字钻曾，清廪贡生。潍城人才济济，官宦辈出，所以缙绅世家很多，民间的很多大事需要有权威的人物协调，为办事方便和统一行动，邑绅民众一致推举陈阜为代表人物，陈阜去世后换为丁四宅的丁毓庚。陈阜有五个儿子：文会、文徵、文郁、文珞、文辚。长子文会又有元章（君善）、奎章（君藻）两子。传到陈继揆已是 22 世。继揆先生离休前在天津师范大学历史系任党支部书记兼系主任。

陈阜的小儿子文辚就是担任过中央军委办公厅秘书处长、干部处长、档案处长和中共中央办公厅秘书室副主任、毛泽东图书馆领导小组组长的陈秉忱。

池州知府陈介璋与钉子门陈家

该户出自陈大观的后人 15 世陈祥冀后裔，祥冀与陈官俊之父祥桂是同胞兄弟，排行老五。

陈祥冀的次子陈官正是议叙九品衔，诰封朝议大夫，与陈官俊是堂兄弟，官正的次子陈介璋与陈介祺是从堂兄弟，道光乙酉拔贡，朝考一等第二名。咸丰辛亥（1851 年）恩科，与其叔陈官良、从堂兄弟陈介侯为同科举人。陈介璋先后任户部江南员外郎，记名御史。特授安徽池州府知府，钦加盐运使衔，后在池州府任上被太平军所杀。其子陈家让是光绪十四年举人，其孙陈矩曾（字叠峰）在清末民初任莒县知县。

陈介璋的父辈们原都住在潍城北门大街"翰林院"，俗称老大门内。到"介"字辈，由于人口剧增，约 1860 年以后，各家后裔纷纷从老大门内迁出。陈介祺从北京返回潍县后在增福堂街双小庙购地建宅。陈祥冀的大儿子陈官伦，长孙陈介寿一家搬到北门大街南关居住，对面路西的房子也是该户的。因户外大门建造得厚实牢固，铆钉排列有序，非常壮观，故当地称其为钉子门陈家。

陈介祺家有关传说及文物补遗

张德民

编者按： 陈介祺的故居，新中国成立后改为潍坊第三中学，作者张德民先生即潍坊三中的老教导主任，后任市工商学校校长。本文是他在三中任职时，耳闻目睹的一些陈家轶事。

陈介祺故居在潍城增福堂街，老街现大部分存在。尚有部分老住户。在一些老人中至今还时常谈论关于陈家的传说。在潍坊三中（陈家故居）院内，还陆续发现过陈家的零星文物。

街坊邻居的传说

陈家大院龙式布局　整个陈家大院，东临罗家巷，南临增福堂街。据传东南的大门为龙嘴，对着的街口西南角与东北角的双小庙为龙眼，庙前的旗杆为龙须。一般人家的院落，不论大小临街房屋都是平直的，而陈家则不然，不仅南面临街房屋正门凸出，两旁内缩，更明显的是东西临街部分曲曲折折。据称象征龙身的盘绕叠伏。龙尾则延伸到增福庙后。人们传说住在龙宅内，子孙能攀龙。祖上曾贵为天子老师，其后代也有人当过毛主席的秘书。

陈家居家与人为善　陈家与街坊邻居非常友善，不仅从未露出过像有的京官那样的霸气和倨傲，且对街上的一些贫困人家还时有接济。陈家南院是陈介祺亲笔题写的"静专书塾"的书斋和一处小的像朝笏板样的花园，家堂后面是邻居破旧不堪的土屋。陈家曾想以高价买过书斋南邻和家堂后面的地方，多次请中人说合，卖方开出了比一般房屋院落高出几十倍的天价，陈家都答应下来。即将成交时卖主突然变卦，要出了院落及屋内几乎用洋钱盖满地皮的无法计算的价格，买卖才作罢。有时与邻居的墙倒了，重修时陈家总是让着邻家，曾未发生过有的人家因修墙而出现的争执甚至殴斗情况。

挖院为塘便利四邻　陈家另有一处西院叫做"马号"，是佣人居住和养马存车的地方，里面喂养着二三十匹骡马，这在当时是重要交通运输工具。这个院落及四邻的地势低洼，雨水排不出去。每逢雨季院内积水说，室内水深有时深几十厘米。那时城内没有完整的排水系统，因此每逢大雨，邻居们都提心吊胆唯恐被水淹。陈家在自家院内挖了一个约二百平方米的深湾，让邻居的水都排入湾内，解决了许多人家夏天害怕水患的大问题。还有另一种说法是，陈家在方便邻居往自家塘内泄水的同时，也是为了取个"九曲入明堂，当朝为宰相"的贞吉之义。

陈家文物拾遗

陈介祺是我国著名金石家、收藏家。万印楼所藏七千多方古印，还有钟、鼎、封泥等文物，不少文章已有详述。这里只想说说潍坊三中（陈氏故居）院内发现的几件文物，作为补遗。

压门头所用宝剑　20世纪60年代大搞爱国卫生运动，要求卫生扫除必须翻箱倒柜，旮旮旯旯不留死角。打扫大门口时，在旧匾上面发现了一口宝剑，已被厚厚的尘土覆盖，看样子已有百余年未动了。恐怕除房主人外无人知晓此物，不然经过世事沧桑早被人取走了。宝剑经擦拭后仍光芒四射，寒气逼人。有人说是龙泉宝剑，但未经专家鉴定证实。此剑在校长室内挂了相当一段时间，后来怕丢失，移送有关部门作为重要文物保管。

道光御笔烫金匾 "文化大革命"时期，红卫兵大破"四旧"，不仅把已作为教室的原陈家厅堂上方的金色小花楗部分砸毁，连屋檐瓦当上的福寿字都用水泥抹去，有的连瓦都砸了。封在陈家客厅（教室）顶棚上的牌匾就更难幸免了。人们用重锤砸下了三块牌匾。居中的一块是"耆臣寿母"，系道光皇帝御笔。上款："京筵讲官尚书房总师傅协办大学士吏部尚书兼管户部事务陈官俊。"落款：道光御笔，并有玉玺金印"道光之宝"。据说是陈官俊六秩庆辰，其母已八十余高龄时皇帝书赠。左边的一块为"文懿"，落款也是"道光御笔"。右边那块正文为"泽逮枌榆"，原潍县乡绅所赠。表明家乡人对陈家的敬重。

新中国成立之初在陈家东南门（龙嘴）里边还有一小石碑，镌刻着精美秀丽的文字，亦可看作文物。因校舍改造，该碑早已不知去向。

图 版

图版目录

24.《书法》1982 年第 2 期载《陈簠斋藏印选》

25.《簠斋古印集》民国初期版本

26.《簠斋印集》原拓本

27.陈介祺印鉴款识

28.毛公鼎铭文拓片及释文

29.十钟山房藏钟：井仁女钟

30.十钟山房藏钟：虢钟

31.十钟山房藏钟：虢编钟

32.十钟山房藏钟：兮仲钟

33.十钟山房藏钟：纪侯钟

34.十钟山房藏钟：楚公钟

35.十钟山房藏钟：楚公钟

36.十钟山房藏钟：楚公钟

37.十钟山房藏钟：虘秉钟

38.十钟山房藏钟：虢叔旅编钟

39.十钟山房藏钟：仆儿钟

40.陈介祺藏曾伯霥簠铭文拓片

41.陈介祺藏兮甲盘铭文拓片

42.《陈介祺藏镜》

43.陈介祺藏秦始皇统一度量衡之铜诏版铭文拓片

44.陈介祺藏青铜器铭文拓片

45.陈介祺"三代古陶轩"藏古陶器文字拓片

46.秦魏户铁印

47.汉洗

48.汉洗

49.陈介祺跋

50. 陈介祺龙姑敦说
51. 陈介祺周矢胸盘跋
52. 陈介祺义子、光绪年间状元曹鸿勋像
53. 陈介祺忘年之交的藏友王懿荣
54. 陈介祺堂兄兼藏友、古画收藏家陈介锡像
55. 王之翰书法
56. 曹鸿勋书法
57. 陈介祺书法
58. 陈介祺书法

1.陈介祺鉴宝图（潘宝昌 作）

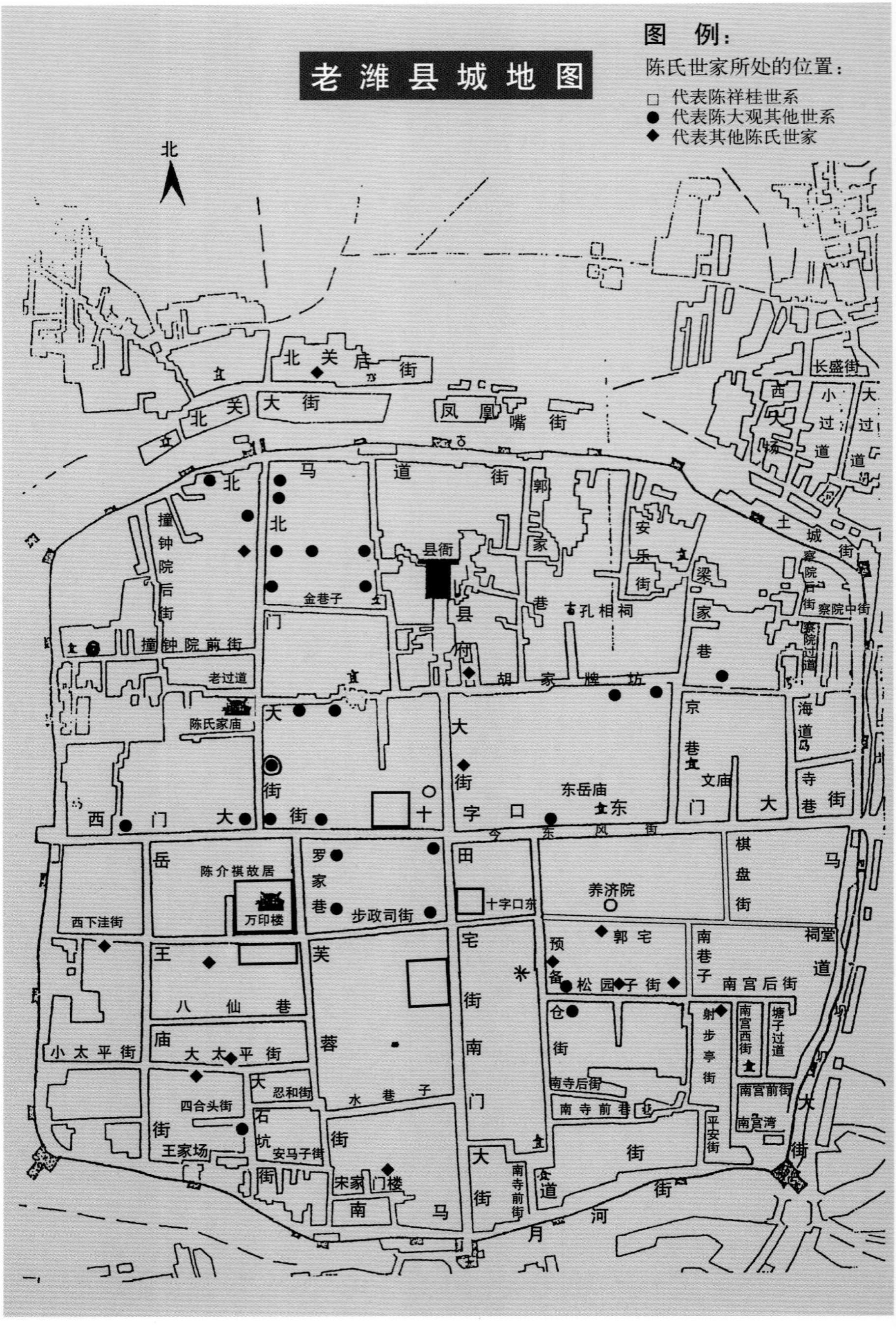
老潍县城地图
图　例：
陈氏世家所处的位置：
□ 代表陈祥桂世系
● 代表陈大观其他世系
◆ 代表其他陈氏世家
北
北关店街
北关大街
凤凰嘴街
长盛街
西大场
小过道
大过道
北马道街
撞钟院后街
北门大街
金巷子
县衙
县府
郭家巷
安乐街
孔相祠
梁家巷
土城街
察院后街
察院中街
察院过道
撞钟院前街
老过道
胡家牌坊
陈氏家庙
大街
京巷
文庙
海道马
寺巷街
东岳庙
西门大街
十字口东
今东风街
岳
陈介祺故居
万印楼
罗家巷
步政司街
田
十字口东
养济院
棋盘街
马
西下洼街
王
八仙巷
芙蓉水巷子
宅街南门大街
郭宅
预备仓街
松园子街
南巷子
南宫后街
祠堂道
射步亭街
南宫西街
塘子过道
小太平街
庙
大太平街
忍和街
南寺后街
南寺前巷
南宫前街
南宫湾
四合头街
石坑街
安马子街
王家场
宋家门楼
南马道
南寺前街
平安街
大街
月河

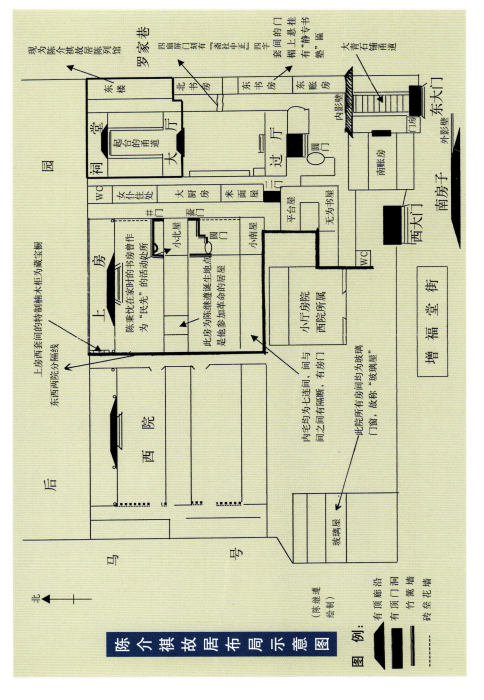

陈介祺故居布局示意图

（陈继建绘制）

北

图例：
- 有顶廊沿
- 有顶门洞
- 竹篱墙
- 砖垒花墙

上房西套间的特制楠木柜为藏宝楼

东西两院分隔线

陈秉忱在家时的书房曾作为"民先"的活动处所

此房为陈继逝生地，是他参加革命命的居室

内宅为七连间，间与间之间有隔断，有房门

此院所有房间均为玻璃门窗，故称"玻璃屋"

后

园

祠堂

东楼

起合的甬道

大堂

过厅

北书房

东书房

东书房

东账房

圆门

平台屋

无为书屋

小南屋

小北屋

蚕门

圆门

上房

西院

WC

女仆住处

大厨房

米面屋

南账房

WC

小厅院 西院所属

玻璃屋

马号

罗家巷

现为陈介祺故居陈列馆

四扇屏门刻有"斋社中正"四字

套间的门楣上悬挂有"静专书塾"匾

大青石铺甬道

东大门

外影壁

内影壁

门房

南房子

西大门

增福堂街

4.陈介祺的祖父、光禄公陈祥桂
  画像

5.陈介祺的父亲、文恪公陈官俊
  画像

6.陈官俊印鉴

7. 万印楼

8. 陈介祺故居陈列馆

9."十钟之主"与"十一钟之主"印鉴

10.《十钟山房印举》线装本

11.十钟山房

12.台北故宫博物院藏毛公鼎及铭文拓片

13.陈介祺收藏的重器"天亡簋"，也叫"大丰簋"，据陈介祺考证，该器应命名为"毛公聃簋"

14.陈介祺收藏的汉瓦当

15.《簠斋吉金录》

16.陈介祺藏北魏佛像朱砂拓片

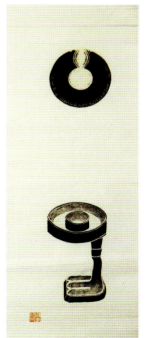

17.陈介祺制作的青铜器器形拓片

18.陈介祺藏秦代铜权铭文拓片

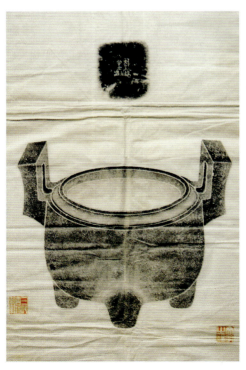

19.陈介祺藏带铭文古陶器拓片

20.陈介祺书法

21.陈介祺自制古玉印扇面

22.王之翰印鉴

23.曹鸿勋印鉴

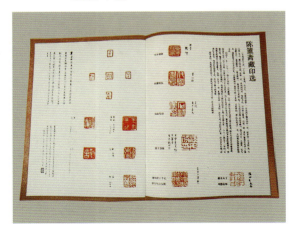

24.《书法》1982年第2期载
《陈簠斋藏印选》

25.《簠斋古印集》
民国初期版本

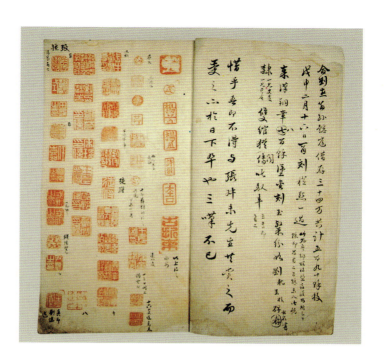

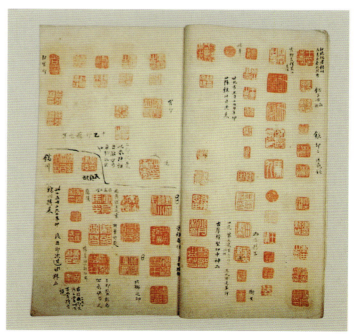

26.《簠斋印集》
原拓本

1　　　　　2　　　　　3　　　　　4

5　　　　　　　　6　　　　　　　7

8　　　9

1.《有周甸正之后》陈介祺篆书七言联　戊寅（1878年）

2.《海滨病史》陈介祺篆书七言联

3.《古瓦量斋》陈介祺篆书七言联　戊寅（1878年）

4.《寿卿》陈介祺行书轴

5.《簠斋》陈介祺篆书七言联　戊寅（1878年）

6.《宝簠斋》陈介祺行书轴

7.《戊寅》陈介祺篆书七言联　戊寅（1878年）

8.《簠斋》陈介祺篆书联

9.《陈介祺》陈介祺篆书联

27.陈介祺印鉴款识　选自《中国书画家印鉴款识》
（文物出版社 1987 年版）

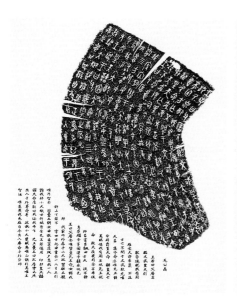
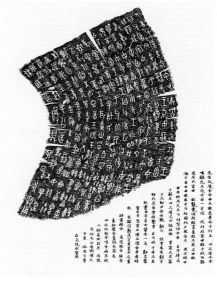

28.毛公鼎铭文拓片及释文

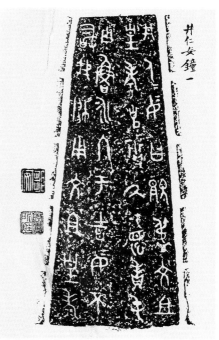

29.十钟山房藏钟：井仁妾钟

30.十钟山房藏钟:戲钟

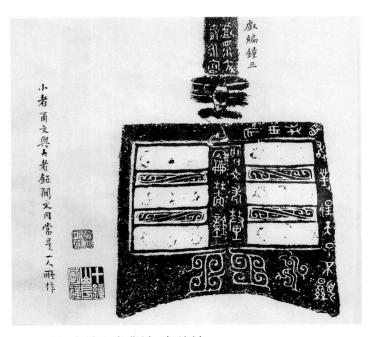

31.十钟山房藏钟:戲编钟

32.十钟山房藏钟：兮仲钟

33.十钟山房藏钟：纪侯钟

34.十钟山房藏钟：楚公钟

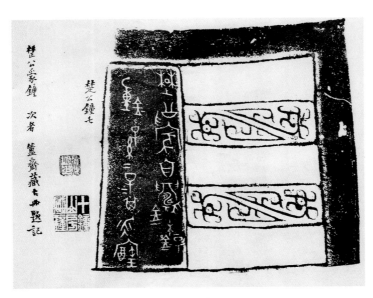

35.十钟山房藏钟：楚公钟

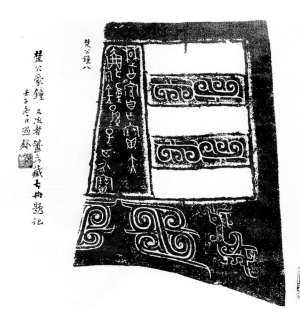

36.十钟山房藏钟：楚公钟

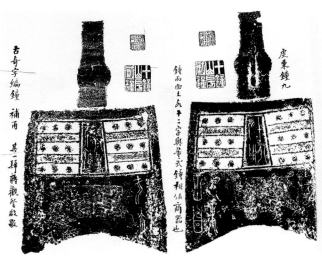

37.十钟山房藏钟：虔秉钟

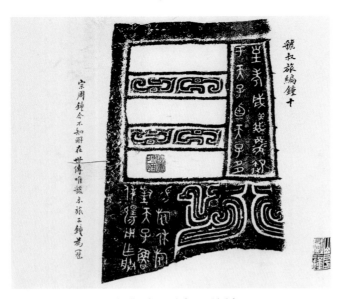

38.十钟山房藏钟：虢叔旅编钟

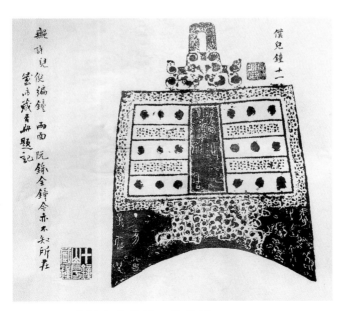

39.十钟山房藏钟：仆儿钟

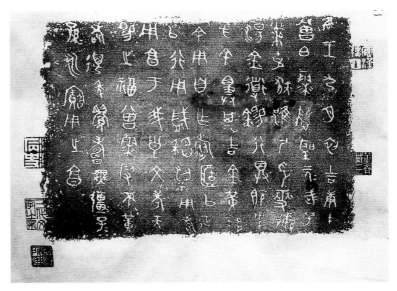

40.陈介祺藏曾伯霁簠铭文拓片

41.陈介祺藏兮甲盘铭文拓片

42.《陈介祺藏镜》（文物出版社 2003 年版）

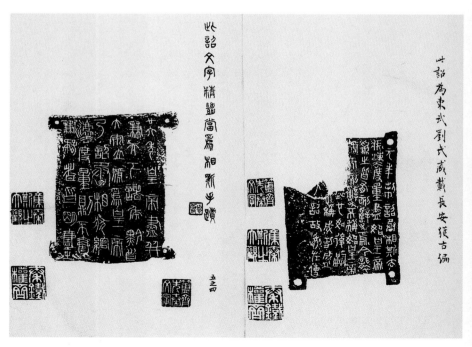

43.陈介祺藏秦始皇统一度量衡之铜诏版铭文拓片

44.陈介祺藏青铜器铭文拓片

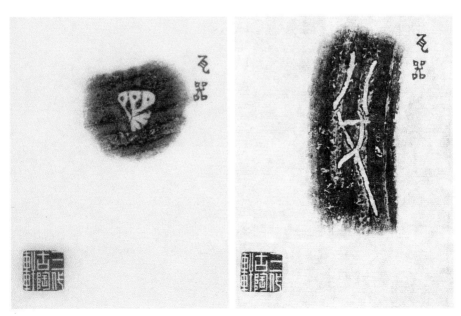

45.陈介祺"三代古陶轩"藏古陶器文字拓片

46.秦魏户铁印

47.汉洗

48.汉洗

49.陈介祺跋

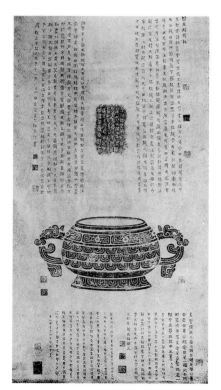

50.陈介祺龙姑敦说

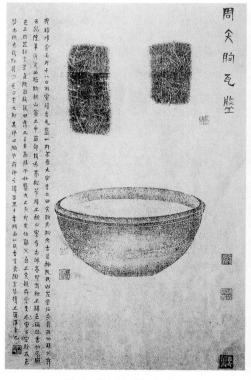

51.陈介祺周矢胸盘跋

52.陈介祺义子、光绪年间状
元曹鸿勋像

53.陈介祺忘年之交的藏友王
懿荣

54.陈介祺堂兄，兼藏友、古画收藏家陈介锡像

玉笙吹月和松風

石鼎煮雲聽竹雨

濱屏王之翰

55. 王之翰书法

能感人者為至言

於放懷時得古趣

曹鴻勛

雨航賢表沉雅屬

56. 曹鸿勋书法

賦性乗佗耆傳家但古書堯咨洪水際

義畫書結繩初異學方攘斥浮文太掃

除挑鐙北窗下驕得遂吾初餘

仁甫六兄年大人是正　簠齋陳介祺

小樓前疎林外是基丹井顧況書台灣綠水深點

噌山矮釣侶詩朋看都在把封泥酒甕齊開雞

胙穀芽餅餃油菜花薹

57.陈介祺书法

元稹酬白學士百種韻詩戲
誚青雲驛謎題皓髮祠自
注予途中作青雲驛詩病其
雲泥一玫作四皓廟詩謎其出
屢不常 道舫三元屚 蓋齊陳介祺

58.陈介祺书法

后　记

陈介祺是我国清代著名的收藏家和金石学家。鲁迅先生指出："论收藏，莫过于潍县的陈介祺。"郭沫若和商承祚先生则认为陈介祺是"前无古人，后无来者"的一代宗师。过去收藏界有"南潘北陈"之说，但著名考古学家王献唐却认为："此老精鉴，当时潘王二吴诸公，皆出其下。""心细如发，眼明如炬。"更何况陈公的收藏鉴赏研究著作，多达三四十种，远远超过了潘祖荫等著名学者。

20世纪六七十年代，我国的收藏鉴赏曾经离开了人们的生活，金石学也曾淡出过学者们的研究。时隔将近两代人之久，人们几乎淡忘了清末这位如雷贯耳的大学者。因此编者认为，有责任唤起人们对这位大收藏鉴赏家的追忆，发扬光大陈公的文史研究成果。

由于陈介祺的一些藏品和著作，早在民国初期已陆续传到国外，所以他在世界上的知名度却经久不衰，史学界、考古界、金石学界、书法界、收藏界、古文字学界无不尊为翘楚。

陈介祺从京城辞官归里，回到原籍潍县（今潍坊市），他借桑梓的丰厚历史文化底蕴，将后半生全部精力倾注在金石收藏鉴赏中，以集古、鉴古、传古为己任。居一隅而知天下，为研究整理和传播我国的历史文化做出了卓越贡献！

陈介祺的数万件藏品，在20世纪上半叶战乱年代里，由其后人陆续变卖过一部分，有的甚至流出海外；余者在50年代初期则由其后人捐赠给了国家几家大博物馆，迄今民间流散的已经为数不多了。为了全面介绍陈介祺的收藏业绩，编者通过多年奔波，逐渐积累起三百余幅图片和十万余字的文字资料。这些图片和文字，囊括了陈氏家族主要成员的画像和照片、陈氏世家情况的简介。更着重收罗了陈公收藏的重要青铜器、陶器文字拓片；近万方古代印玺的精选印底，以及他的书法艺术和传拓技艺。二十多篇研究论文，则尽可能全方位介绍这位收藏鉴赏一代宗师的研究成果。

逝者已矣！陈公呕心沥血的业绩，已经积淀在中华民族丰厚史册中。

本书在编辑过程中，承蒙各界友人的热情支持和鼎力协助：

（以下按提供稿件或资料数量排列）

陈继揆、陈继遵、陈重远、陈时超、陈君善、陈炳熙、陈小波、刘秉信、陈秉忱、杜在桢、吕伟达、张德民、陈景蕃等撰写了大量优秀的稿件；刘玉兰、孙立荣、李虎强、高伟、王静蓉、陈时超、陈继遵、潘宝昌、刘昱、陈继揆、郭江华、陈育生、高建民、陈炳熙、刘秉信、陈玉林、王永成、郭池、陈斐章、谭勇、郭用闻、王忠志等提供了各种形式的帮助和许多珍贵的资料照片，在此一并表示感谢。

编　者

2005 年 1 月